LA FORCE DE LA PENSEE

Comment tirer profit de la puissance de votre pensée ?

- Pouvoirs spirituels, Intelligence, Sagesse
- Biens matériels (Argent – Maisons – Voitures – Emploi – époux(se)

Médard KOUASSI
Chercheur Spirituel – Médecin Holistique – Ecrivain Spirituel
Fondateur du Club de la Pensée Positive
Cel : +225 05 65 12 07 / +225 01 14 61 56
E-mail : alallylegrand@gmail.com

CE QUE VOUS ATTIREZ AVEC L'AIMANT DE VOTRE
ESPRIT,

VOUS L'APPORTEZ A VOTRE VIE.

TABLE DES MATIERES

CHAPITRE III : LES MANTRAS OU MANTRAMS, LEURS PUISSANCES ET IMPORTANCES

A/ ORIGINE

B/ DEFINITION : MANTRA - JAPA

C/ OM OU AUM, LE MAHA (GRAND) MANTRA
- aum : clef des niveaux de conscience
- Influence du son sur le corps physique
- om comme Instrument de libération

D/ LA MAIN DIVINE
- Qu'est -ce qu'un chapelet ?
- Importance du chiffre neuf (9)
- Utilisation du chapelet pour développer l'amour, la Bonté, la justice

E/ EFFETS BENEFIQUES DU JAPA

F/ QUELQUES CONSEILS PRATIQUES

G/ CHOIX D'UN MANTRA

H/ QUELQUES MANTRAS SPECIFIQUES ET LEURS VALEURS NUMEROLOGIQUES

I/ AUTRES EFFETS REMARQUABLES DU SON (OM) ET QUELQUES APPLICATIONS

J/ PRUDENCE DANS L'APPLICATION DES MANTRAS

EPILOGUE

QUELQUES CITATIONS

ANNEXE

LE SIDA ET LE TRAITEMENT PROPOSE PAR LA MEDECINE HOLISTIQUE.

<u>D E D I C A C E</u>

Je dédie cet ouvrage à :

- Madame Pauline MOSCALE (Responsable de la Méditation Transcendantale (MT) en Côte d'Ivoire), pour mon initiation à la MT.

- Feu Guillaume George MEBIAMA, ex-Président de l'UTAF (Union des Théosophes d'Afrique Francophone) ; ex-Président de l'AIT (Association Ivoirienne de Théosophie), pour ma formation spirituelle et sociale.

- Monsieur AMOUA Kouassi Bernard (Responsable de l'ASHRAM DES 7 RAYONS, branche ivoirienne de l'école Arcane de Alice Bailey), pour ma formation spirituelle.

- Monsieur Michel PEGUELA (Responsable de l'Aumisme en Afrique), pour différents conseils et aides.

- Monsieur Edouard MOCKEY (Cabbaliste), pour mes premiers cours en Cabbale.

- Monsieur Hyppolite FATOUBI, Président de l'ETU Afrique (Ecole Transcendantaliste Universelle), pour ma formation en Angéalogie et en Esotérisme chrétien.

- Monsieur YAO Brou Raphaël (Méditant transcendantaliste avancé) qui a guidé mes premiers pas sur le chemin.

- Mademoiselle KOFFI Elisabeth, pour la saisie, la mise en page et la «correction» de tous mes documents.

Avec mes remerciements à mon inspirateur, mon maître intérieur.

Que celui ou celle qui lit cet ouvrage soit rempli à jamais **d'amour vrai**, **de paix véritable**, **de joie intense**, **d'harmonie parfaite**.

Votre frère

Médard KOUASSI

PROLOGUE

Ce livre que je vous invite à parcourir se veut un <u>livre de travail</u>, donc <u>très pratique</u>.
Nous étudierons la pensée avant d'aboutir à son application dans notre vie de tous les jours, avec des techniques de méditations et des mantras.

Chaque 2000 ans, un renouvellement d'énergie spirituelle s'effectue sur la planète terre, satellite du soleil.

Ce présent cycle de 2000 ans après le Christ Jésus a été profondément marqué par un matérialisme aberrant qui a conduit l'humanité à toutes sortes de négativisme: guerres, catastrophes, maladies, famines.

La nouvelle ère que nous venons d'amorcer, qualifiée d'Ere du Verseau, sera plutôt spirituelle. Les énergies spirituelles existantes seront renouvelées et renforcées. Ceux qui seront capables de les capter, se verront propulser en avant et deviendront les aides des autres.

Pour toute naissance, il y a gestation puis accueil du nouvel enfant. C'est dans l'optique de la préparation à la réception de ces énergies toutes spéciales, que je me propose de faire cette étude méditative, afin de nous aider à ouvrir nos canaux.
Cette étude veut répondre à l'attente de nombre d'entre les chercheurs spirituels qui se posent de multiples questions sur la méditation.
Cette étude est loin d'être le summum des études sur la méditation, domaine d'ailleurs très vaste à l'image de

l'univers, mais je crois qu'elle peut nous aider à entrer dans le processus, le reste du travail étant intérieur et personnel.

Cet ouvrage est le fruit de mes quelques années de méditation transcendantale (j'ai utilisé mon premier mantra en 1985) et de mes «fouilles» littéraires sur le sujet.

Puisse ce travail nous aider sur le sentier de notre quête du divin, afin que nous soyons des porte-flambeaux pour la majorité de l'humanité plongée dans l'obscurité du matérialisme, pour que nous ne vivions pas les yeux fermés et que se soit à notre mort qu'ils s'ouvrent pour nous montrer la réalité de la vie.

Après l'étude méditative, nous verrons ce que sont les mantras ou mantrams, leurs puissances et importances.

Cette étude mantrique est pour ceux qui n'ont pas encore approché les utilisateurs de mantras ou n'ont aucune notion sur cette clé merveilleuse d'évolution spirituelle. Elle s'adresse également à ceux qui en ont entendu parler sans approfondissement.

Ce travail est le fruit d'expériences personnelles puisque je suis moi-même pratiquant de la JAPA YOGA (ou Mantra Yoga).

Une bibliographie m'a permis de comparer mes propres travaux et de vous livrer la quintessence de ces deux substances.

Nous sommes dans un domaine spirituel travaillant pour l'éclosion et l'épanouissement de la spiritualité.

Nous accentuerons notre analyse essentiellement sur ce sujet. Mais cependant, nous n'omettrons pas l'aspect matériel, puisque nous sommes dans ce «scaphandre » (corps physique) qui a besoin de se nourrir, de s'habiller, de se loger et de se soigner. Tout ceci s'obtient avec de l'argent.

Notre but est d'aider ceux qui nous suivent à mieux appréhender certaines données spirituelles et mystiques.

Gloire et louanges à Dieu !!!

CHAPITRE I :

LA PENSEE

1. <u>INTRODUCTION</u>

L'homme dispose d'un organe merveilleux : le cerveau. Ce cerveau dont il se sert pour penser, réfléchir, ordonner et construire, a fait de lui un inventeur et un créateur. Mais le cerveau a aussi permis à l'homme d'organiser le monde comme il l'entend, en créant et en imposant son sens moral, artistique, religieux, ainsi que la manifestation de son intelligence et de sa créativité scientifique.
Or, ce cerveau que nous utilisons actuellement bien en deçà de ses possibilités, peut nous ouvrir d'autres merveilleuses portes.

L'homme, sous réserve qu'il sache comment utiliser les forces qui sommeillent en lui, est appelé à dominer son environnement, à vaincre l'adversité et à obtenir ce qu'il souhaite le plus, du moment que les buts qu'il s'est fixé ne soient pas en contradiction avec la liberté et le sens moral du monde dans lequel il évolue.

Le surnaturel a toujours été l'une des grandes interrogations de l'homme. Toutes les religions sont basées sur la dépendance de l'homme à un surnaturel. Toutes les traditions anciennes (hébraïque, égyptienne, africaine, assyrienne, gnostique, islamique, chrétienne, colombienne, iranienne, chinoise, tibétaine...) se réfèrent à un «quelque chose» d'infiniment grand et supérieur à l'homme.
Or, l'homme, uniquement par la puissance de son esprit bien dirigé, possède en lui la faculté de communiquer avec le surnaturel, et même de s'en servir pour l'accomplissement

de ses desseins. Il peut se prolonger dans l'espace de façon bien plus positive encore.

Au cours des phénomènes de double-vue et de prémonition, il projette au loin une partie de lui-même, une sorte d'émanation fluidique qui n'est limitée ni en temps ni en distance.

La pensée peut donc, en ce point, être comparée aux ondes électromagnétiques.

L'homme, par l'extension de son être psychique dans l'espace, peut y appréhender une multitude d'enseignements et de possibilités qui peuvent passer, aux yeux d'esprits non avertis, pour inconcevables.

Or, cette possibilité de puiser et de se servir des richesses emmagasinées dans l'astral, est donnée à chacun de nous ; car, le cerveau est un organe actif, irradiant et explorant l'univers des vibrations.

Cette possibilité, cette puissance est la puissance fondamentale de l'être. Cette puissance fondamentale nous permet de confirmer ceci « *Si nous sommes intimement persuadés de pouvoir faire telle ou telle chose, nous mobilisons inconsciemment en nous-mêmes tous les moyens nécessaires pour y parvenir* ».

L'homme est environné par ce que les astronomes appellent Cosmos. Les occultistes l'appellent Ether ou Astral, les physiciens l'appellent Atmosphère et les croyants Dieu. Et l'homme a les moyens de communiquer avec cette force contenue dans l'univers qui nous entoure.

Si les choses extérieures agissent et réagissent sur l'homme, il est également vrai que celui-ci agit et réagit sur son ambiance. Partant de ce principe, il peut à son gré influencer, modifier les circonstances dans lesquelles il se trouve et qui constituent la trame de sa vie.

Mais comment agir sur ces éléments extérieurs ? Comment les faire participer activement à la réalisation de sa volonté ?
C'est à ce moment qu'intervient ce qu'on appelle *la Pensée créatrice, la Forme-pensée ou le Pouvoir de l'esprit.*

2. <u>QU'EST-CE QUE LA PENSEE</u> ?

Le dictionnaire nous dit que la Pensée est une activité de l'esprit, et qu'elle est la manière dont cette activité s'exprime.

Dans le domaine que nous étudions, c'est-à-dire la spiritualité et le mysticisme, nous disons que la Pensée est une énergie au même titre que l'électricité ou la gravitation (phénomène en vertu duquel tous les corps s'attirent réciproquement en fonction directe avec leur masse). Elle n'est autre chose qu'une vibration se propageant dans l'éther qui est lui-même la substance mentale du monde.

La pensée découle de l'éther qui est un fluide. C'est un courant d'ondes, un magma de fluides psychiques, mais c'est surtout une force créatrice, un élément très actif dont nous dépendons tous, puisqu'il est aussi assimilé au « Dieu » de toutes les religions.

La pensée humaine produit une énergie (onde) et cette énergie crée la force qui, à son tour, produit l'action. La pensée déplace les atomes de l'air qui environne le corps, causant ainsi des vibrations ou des ondes dans l'atmosphère, tel un caillou jeté dans l'eau produit des ondes mouvantes concentriques.

Une faible pensée n'amène qu'un faible courant, un faible déplacement, tout comme une douce brise n'agite que mollement les feuilles des arbres ; tandis que de fortes et impétueuses pensées déplacent les atomes sur une aire beaucoup plus vaste, tel le simoun (vent violent, sec et brûlant) dans les déserts de sable.

La Force-pensée est une puissance si subtile, et pourtant si réelle, que pour en mesurer tous les usages et les moyens d'application, il faudrait augmenter la durée de vie humaine dans des proportions inimaginables, car ses possibilités sont illimitées. C'est la source même de toute intelligence, de tout accomplissement et de tout avancement physique, mental, spirituel, scientifique et artistique. Elle est la base de la santé, du succès et du bonheur, en fait, la positivité de la vie, mais elle est également à la base de l'échec, du malheur et de la maladie.

L'existence de cette force est aussi vieille que l'humanité. La trilogie l'appelle Vie, la physique l'appelle Pensée ou Energie éthérique.

La Pensée est l'intelligence recueillie par le cerveau à l'usage de l'esprit. L'énergie éthérique est la force engendrée dans le cerveau par l'action de la pensée. Cette force propage les pensées depuis les cellules du cerveau jusqu'à leur destination. La volonté est l'opératrice et la directrice qui transmet et guide nos pensées vers leurs destinations.

Ainsi, notre pensée, toujours transportée par l'énergie éthérique, guidée et contrôlée par notre volonté, devient une force telle que ni la matière, ni la distance n'opposent de résistance à sa transmission.

Sachez, et cela est très important, que toutes les pensées engendrent des vibrations mentales qui ne peuvent se perdre ; sachez les ordonner et les diriger afin d'en obtenir les meilleurs effets. Sachez également qu'il y a une solution à tous les problèmes soi-disant insurmontables (santé, argent, sentiment...).

Dans les moments les plus difficiles, il existe toujours une puissance, une sagesse prête à nous secourir si nous savons, uniquement par la force de la pensée bien dirigée, faire appel à elle.

La connaissance de cette puissance spirituelle est le moyen qui mène à la Route Royale des richesses de toutes sortes, que notre désir soit d'ordre spirituel, mental ou matériel.

Celui qui étudie les lois de l'esprit, du principe spirituel, sait parfaitement qu'en dépit de la situation économique, des fluctuations monétaires, il sera toujours largement pourvu quelle que soit la forme que puisse prendre la monnaie d'échange. La raison en est qu'il demeure dans la conscience de la richesse. Il a convaincu son esprit que la richesse coule librement dans sa vie et que toujours il y a un surplus divin.

Celui qui sait penser scientifiquement, considère l'argent ou la richesse comme une marée qui se retire mais qui revient toujours. La marée ne s'arrête jamais. Il en sera de même de l'abondance pour celui qui fait confiance à l'immortelle et inchangeable présence qui est omniprésente et qui s'écoule sans cesse.

Cette immortelle présence est paix, amour, beauté, harmonie, joie et gaieté, qui sont d'ailleurs les nourritures spirituelles à ne pas négliger dans ce monde subjectif et objectif.

3. <u>LA FORCE DE LA PENSEE</u>

Il faut d'abord croire que la Pensée est une force et ensuite vouloir utiliser cette puissance avec la vision du succès, en mettant en marche la force de la Pensée par le désir intense de l'objet de notre souhait, car :

- *« Comme un homme pense en son cœur, ainsi est-il »*, nous dit la Sainte Bible ;

- *« Ondevient ce que sans relâche, on affirme être. On se remplit de pouvoirs aussi grands qu'on puisse désirer en proportion de l'affirmation qu'on en fait »*, nous dit un Traité yogi.

La pensée crée, la parole également. La pensée, la parole, la lumière, le son et la couleur forment des vibrations toutes puissantes.

Pensez joie, amour, santé, abondance, prospérité, paix, et non seulement il émanera de vous des ondes bienfaisantes, mais vous attirerez tout ce qui est conforme à ce radieux programme.

L'histoire du monde est celle de quelques hommes qui ont foi en eux. Cette foi fait surgir la divinité qui est au-dedans d'eux.
Nous pouvons tout. Nous échouons seulement quand nous ne nous efforçons pas suffisamment de manifester cette puissance infinie. Par la force, le pouvoir de la Pensée Positive, l'homme peut balayer la crainte, faire régner l'optimisme et obtenir tout ce qu'il désire.

Rien n'est impossible et il n'est jamais trop tard pour entreprendre.

4. COMMENT SE SERVIR DE CETTE FORCE ?

EN PRATIQUANT :

- L'AUTOSUGGESTION

L'autosuggestion est le fait de se persuader soi-même de la réussite de quelque chose (pensée, action...).

- <u>LA PENSEE POSITIVE</u>

La technique de la pensée positive consiste à répéter une pensée positive et d'accepter sa réussite imminente.

L'homme qui veut se préparer au succès doit veiller à la culture persévérante des pensées positives en étudiant avec soin certaines méthodes éprouvées favorisant incontestablement les résultats. Il doit également cultiver méthodiquement l'optimisme et la confiance en soi, lutter inlassablement contre la crainte, le découragement, le doute en disposant d'un arsenal de formules positives, soigneusement sélectionnées, pouvant servir à neutraliser les pensées négatives surgissant dans le champ de sa conscience. *(Voir à la fin du Chapitre)*

La pratique de l'autosuggestion et de la pensée positive donne accès aux couches les plus profondes de l'être, afin de mieux régir ses actes après avoir fait du subconscient un allié plus sûr de sa volonté délibérée.

5. <u>ORGANISATION DE LA PSYCHE OU ESPRIT HUMAIN</u>

L'esprit humain comprend trois (3) parties :
  - le supraconscient ou inconscient supérieur
  - l'inconscient
  - le conscient

• <u>Le supraconscient</u>

C'est la source des intuitions et inspirations supérieures de l'homme (amour universel, sensations de sérénité, état de conscience supérieure atteint par de longues années de méditation). C'est l'esprit Dieu en chacun de nous. Là réside le plan des idées parfaites.

Seule la méditation peut nous permettre d'avoir accès au supraconscient.

• <u>L'inconscient</u>

C'est l'état irrationnel de la psyché humaine. Dans cet inconscient, se trouve le subconscient.

Le subconscient est influencé par nos actions, mais beaucoup plus par nos pensées.

Le subconscient est <u>très sensible</u> et <u>accepte sans raisonnement ni discussion</u> les suggestions (pensées positives), les mantras, les images (pantacles, talismans) qui déclenchent les mécanismes inconscients.
Le subconscient est la source des énergies souterraines agissantes, qui déterminent nos actes.
Une fois intégrés, les pensées positives, les mantras, les autosuggestions ou les impressions produites par la publicité ou propagande, le subconscient est prêt à agir.

C'est un processus qui marche par enchaînement logique comme ce texte bouddhiste nous le signifie :

> *« Semez une pensée, récoltez un acte*
> *Semez un acte, récoltez une habitude*
> *Semez une habitude, récoltez un caractère*
> *Semez un caractère, récoltez une destinée. »*

Ainsi, nous constatons que l'action est la cristallisation de la pensée et que la destinée dépend des pensées entretenues dans le champ de la conscience. Notre succès dépend donc de l'accord à la fois du conscient et du subconscient.

Du point de vue profane comme du point de vue spirituel, nous façonnons, heure par heure, notre avenir avec nos pensées et nos actes. Car toute pensée que l'on a dans l'esprit tend à devenir une réalité dans le domaine du possible ; et l'intensité d'une suggestion est proportionnelle à l'émotion qui l'accompagne.

• <u>Le conscient</u>

Il est le maître d'œuvre. C'est lui qui raisonne, tire les informations, les analyse, les classe, prend les décisions et imprime une direction à la vie.

• <u>Comment agit le subconscient</u> ?

Le subconscient agit de deux façons liées.

a) Quand un but est posé, le subconscient trouve le moyen de le réaliser lui-même.

b)   La suggestion n'agit qu'à la condition d'avoir été transformée en autosuggestion, c'est- à-dire acceptée au plus profond de soi et répété sans cesse.

6. APPLICATION PRATIQUE DE LA TECHNIQUE DE LA PENSEE POSITIVE ET DE L'AUTOSUGGESTION

Vous trouverez à la fin de ce chapitre, des affirmations positivantes pour débloquer des situations d'affaires, d'argent, de richesse, de protection, d'amour, de compagnon ou de compagne, de guérison, de réussite à un examen, de stérilité ou de grossesse compromise, etc.

Ces affirmations peuvent se faire chaque soir au coucher et/ou chaque matin pendant les prières et/ou les méditations, à voix audible mais pas trop forte pour déranger son compagnon ou sa compagne. Elles doivent être répétées 1, 3, 5, 7 ou 9 fois selon votre disponibilité.

Ces affirmations peuvent se faire également partout durant la journée mais mentalement.

7. <u>CAUSES DES ECHECS</u>

1/ <u>Ignorance des technIQues</u>

Lorsqu'un pauvre fait des autosuggestions telles que : «Je suis riche - Je suis prospère - j'ai réussi», et n'a pas de résultat et même quelque fois empire sa situation, la raison est que le subconscient n'accepte que l'idée dominante, le sentiment dominant, le sentiment le plus fort.

Or, lorsqu'il dit : «Je suis riche» et sait qu'il n'a pas un sou, le sentiment le plus fort est celui de pénurie. Le sentiment de pénurie dominant chaque affirmation suscite en lui la conscience d'être démuni, et sa pauvreté s'accroît.

<u>Remède</u> : Il faut chercher à accorder le conscient et le subconscient en utilisant leur langage qui est celui-ci :

- Chaque jour, je crois en la richesse

- Chaque jour, je suis de plus en plus prospère

- Ma richesse se multiplie chaque jour.

2/ <u>autres causes de pauvrete</u>

• <u>L'envie et la jalousie</u>

Ce que vous pensez ou souhaitez à l'autre, vous le faites aussi pour vous ; car ce que nous condamnons, nous le perdons.

Prenons toujours soin de bénir autrui, de nous réjouir de sa prospérité, de son succès; ce faisant, nous nous bénissons, nous multiplions nos gains.

• <u>Le manque de pardon</u>

Il y a une arcane qui sous-tend la réussite c'est le pardon.

Le pardon nous libère du blocage, de l'obstruction de notre canal de transmission et de réception.

Le manque de pardon empêche nos pensées de se propager ; nos vœux ne peuvent donc jamais se réaliser.

Il faut, par conséquent, pardonner et oublier le mal ; car la guérison, le succès ne peuvent s'obtenir sans la pratique du pardon et le développement de l'amour pour tous.

QUELQUES AFFIRMATIONS POSITIVANTES

I/- <u>ABONDANCE</u>

Affaires

Argent

Richesse

Prospérité

Vente

«J'aime l'argent et je m'en sers sagement, constructivement et judicieusement.

L'argent circule constamment dans ma vie, je m'en sers avec joie et il me revient démultiplié de merveilleuse façon.

L'argent est bon, très bon. Il revient à moi en avalanches d'abondance. Je ne m'en sers que pour le bien et je suis reconnaissant pour mon bien et pour les richesses de mon esprit.»

«Chaque jour, mon chiffre d'affaires augmente».

«L'intelligence infinie gouverne et protège mes transactions financières et tout ce que j'entreprends prospère».

II/- CONTRE L'ADVERSITE

«Je rends grâce pour ma réussite étourdissante. Je balaie tous les obstacles devant moi, car je travaille avec l'Esprit et me conforme au plan divin de ma vie».

III/- L'AMOUR

«L'Amour profond grandit en moi pour le monde et l'univers. Je sais qu'en m'ouvrant au service d'autrui, au service de l'humanité de tout mon cœur, sans attendre de gratitude, j'ouvre la porte à la plénitude de tout bien. Je progresse dans le chemin du bonheur et de la sérénité.
J'en prends conscience chaque jour et j'en rends grâce».

IV/- L'ATTENTION

«Je maintiens longuement et sans fatigue appréciable mon attention sur les sujets les plus ardus».

V/- CHEMIN DE VIE – ORIENTATION PROFESSIONNELLE – PLAN DIVIN

«Le Plan Divin est à l'œuvre concernant ma vie. Nul ne saurait le perturber. Il se manifeste déjà même si mes yeux de chair ne l'ont pas encore reconnu. Il se réalise déjà pour mon bonheur».

«Le dessein divin à l'égard de ma vie se réalise à présent. J'occupe maintenant la place qui est prévue pour moi personnellement. Je fais désormais avec joie ce qui convient à mes aptitudes. Je bénéficie en outre d'un salaire décent. Avec l'aide de la Providence, je suis désormais dans le Royaume de la réussite…».

«Tout plan que mon Père au Ciel n'a point conçu s'anéantit et se dissipe ; le Plan Divin concernant ma vie s'accomplit à présent».

VI/- COMPAGNON, COMPAGNE IDEAL(E)

«J'attire à moi un homme qui est honnête, sincère, loyal, bon, fidèle et prospère. Il est paisible et heureux. Ces qualités s'enfoncent à présent dans mon subconscient et, tandis que je les assimile, elles font corps avec moi. Je sais que la loi d'attraction est irrésistible et que je m'attire l'homme correspondant à ma conviction subconsciente, à mes sentiments profonds».

«Je m'attire à présent la femme qui est en accord avec moi… C'est une union spirituelle parce que l'amour divin agit à travers la personnalité de celle avec laquelle je m'accorde parfaitement.
Je sais que je peux donner à cette femme, l'amour, la lumière, la paix et la joie. Je sens et je crois que je peux lui donner une vie pleine, complète et merveilleuse. Je décrète à présent qu'elle possède les qualités et les attributs suivants : elle est spirituellement éclairée, loyale, fidèle et vraie. Elle est harmonieuse, paisible et d'un caractère heureux. Nous sommes irrésistiblement attirés l'un vers l'autre. Seul ce qui appartient à l'amour, à la vérité et à la beauté entre dans ma vie. J'accepte à présent ma compagne idéale».

VII/- CONFIANCE EN SOI

«Je crois à mon étoile. Ma confiance en mes possibilités grandit chaque jour».

«J'ai de plus en plus d'assurance et de confiance en moi. Ma maîtrise s'affirme chaque jour davantage.

VIII/- A INSCRIRE SUR LE CARNET DE PENSEES POSITIVES DE VOTRE ENFANT

«Même si personne ne croit en toi, crois en toi-même et en ta force. Bientôt, le monde croira en toi et te sera soumis. Tout dépend des convictions profondes de ton cœur».

IX/- REUSSITE A UN EXAMEN

«Esprit Infini, je vous rends grâce de m'avoir accordé le succès qui m'appartient par droit divin à mon examen de ……………………………………… devant se dérouler dans la période du……………………………………………………………, cela par la grâce divine et d'une manière parfaite».

X/- GUERISON

«Je suis un enfant de Dieu. Dieu est vie et cette vie est maintenant mienne. Dieu vit, agit et existe en moi. Le courant de sa force guérissante passe en moi à présent. Je remercie Dieu pour la guérison miraculeuse qui, je le sens et je le crois, est en train de se produire en ce moment».

«Je suis libéré de cette vilaine habitude, j'en suis délivré grâce à la force du Tout Puissant qui m'enlève toute envie de fumer».

«Chaque cellule, chaque nerf, chaque muscle de mes poumons sont en ce moment purifiés, fortifiés, perfectionnés. Tout mon corps est rendu à la santé et à l'harmonie».

«J'appelle à mon secours, les forces de la Nature nécessaires à la guérison **(Inspiration)**

J'absorbe les forces curatives pour les ajouter aux miennes **(Rétention)**

J'expulse les gaz et les produits de la dénutrition **(Expiration)**».

XI/- STERILITE OU GROSSESSE COMPROMISE

«L'Amour guérissant de Dieu me traverse et imprègne mon être entier. Je suis détendue et confiante. Je sais que la Présence Infinie de guérison comblera mon vœu suivant les voies qui sont siennes et conformément à l'Ordre Divin. Je m'abandonne à Dieu. En imagination, je caresse, dorlote et serre mon bébé dans mes bras».

XII/- PRIERE POUR LA JOURNEE

Le Matin

«Je rends grâce aux Puissances Célestes pour cette journée qui commence sous le signe du Bonheur, les miracles font suite aux miracles et les merveilles ne manquent point pour le triomphe de l'humble serviteur que je suis».

Le Soir

«Ma journée s'est bien déroulée j'en remercie l'Esprit divin. Je rends grâce pour cette nuit pleine de divines inspirations et si enrichissantes pour mes progrès en sagesse».

Protection

«La blanche Lumière si bénéfique de la Conscience Divine me protège de son manteau. Tout mal se neutralise, car je suis devenu invulnérable et invincible avec un tel appui».

XIII/- LE PARDON

«Je pardonne à chacun et chacun me pardonne. Les portes s'ouvrent toutes grandes pour laisser pénétrer mon bien».

«J'en appelle à la loi du Pardon. Je suis libéré de l'erreur et des conséquences de toutes les erreurs. Je suis sous l'influence de la grâce et non de la loi karmique».

XIV/- RELATIONS HARMONIEUSES

«Je suis le seul penseur de mon univers. Je suis responsable de ce que je pense au sujet de mon «directeur » qui lui n'est pas responsable de la façon dont je pense à son égard. Je refuse de donner à aucune personne, à aucune chose le pouvoir de m'agacer ou de me perturber.
Je souhaite la santé, le succès, la paix de l'esprit et le bonheur à mon directeur. Je le souhaite sincèrement et je sais qu'il est divinement guidé dans toutes ses voies».
(Vous pouvez remplacer « directeur » par un autre titre)

«Je penses, je parle et j'agis avec amour, tranquillement, paisiblement. J'irradie à présent l'amour, la paix, la tolérance et la bienveillance envers toutes ces personnes qu m'ont critiqué et diffamé. J'ancre mes pensées dans la paix, l'harmonie et la bonne volonté envers tous. Chaque fois que je suis prêt à réagir négativement, je me dis fermement à moi-même : « Je vais parler, penser et agir du point de vue du Principe de l'harmonie, de la santé et de la paix qui est en moi. L'Intelligence créatrice me gouverne et me guide dans toutes mes voies».

XV/- COMMENT ECARTER UNE PERSONNE QUI VOUS ENNUIE ?

«Je libère X vers Dieu. Il est à chaque instant à sa vraie place. Je suis libre et il est libre. Je décrète que mes paroles entrent à présent dans l'entendement infini qui leur donne vie».

XVI/- LE SUCCES

«L'AUDACE EST LA GRANDE VERTU DU SUCCES».

«Tout me réussit, car la Puissance du Tout-Puissant est en moi».

«Je suis un instrument docile à la disposition de Dieu, et son Plan Parfait à mon égard s'accomplit de façon magique».

«Toutes les choses que je recherche, à leur tour me recherchent maintenant». *(Pendant 1-3 mn, visualiser ce dont vous avez besoin ; attirez-le à vous)*

«Je rends grâce pour ma réussite étourdissante. Je balaie tous les obstacles devant moi, car je travaille avec l'Esprit et me conforme au Plan Divin de ma vie».

«Je suis en unité avec la source de tout bien. De divines inspirations m'arrivent. Tout me réussit désormais, car mon point d'appui est inébranlable».

«L'harmonie règne autour de moi ; mon bonheur s'affirme chaque jour. Je suis engagé dans la voie royale du succès et de l'abondance. La Puissance Divine me protège».

XVII/- SUCCES DANS LES ETUDES

«Je prends conscience de ce que mon subconscient est la réserve de la mémoire. Il retient tout ce que je lis et tout ce que disent mes professeurs. J'ai une mémoire parfaite, et l'Intelligence Infinie de mon subconscient me révèle constamment tout ce que j'ai besoin de savoir pour tous mes examens écrits et oraux. J'irradie l'amour et la bonne volonté envers tous mes maîtres et mes camarades. Je leur souhaite sincèrement le succès et toutes bonnes choses».

CHAPITRE II :

LES MEDITATIONS

(SECRETS D'EVOLUTION SPIRITUELLE ET MATERIELLE)

LES MEDITATIONS

(SECRETS D'EVOLUTION SPIRITUELLE ET MATERIELLE)

LES MEDITATIONS : SECRETS D'EVOLUTION SPIRITUELLE ET MATERIELLE

A. <u>LA MEDITATION MATINALE</u>

Cette méditation est celle qui est en rapport avec le «désir du fruit de nos œuvres» ; ce qui nous empêche d'être au repos. Autrement dit, la masse de nos désirs excités par les pensées anxieuses de voir les résultats de nos actions (faites, en cours ou projetées, être couronnées de succès). Ces désirs sont comparables à une multitude d'hameçons que nous aurions nous-mêmes fichés dans notre chair, et nos pensées anxieuses sont comme des fils noués à nos hameçons et sur lesquels nous tirons tout le temps.

Le Bouddha, notamment, a bien mis cela en évidenc:e «La cause de la douleur est le désir» ; désir de conserver auprès de soi ceux qu'on aime, d'accroître son bien, d'être éloigné de ceux qu'on n'aime pas, ainsi que de nos soucis…

Si un homme, réfléchissant à toutes les «œuvres» dans lesquelles il est concerné, c'est-à-dire les choses qu'il a faites, qui sont en cours ou qu'il projette d'accomplir, est capable ne serait-ce qu'un instant, de se dire «:*Ces choses que j'ai faites, leurs résultats ne m'appartiennent plus. Celles que je suis en trait d'accomplir actuellement, certes je les fais en vue d'une fin heureuse bien que j'y mette tout* mon savoir, tout mon désir, toute mon ardeur, je sais que la réalisation de cette fin ne m'appartient pas, selon que le destin le permettra ou non, tout cela je l'accepte».

Celui qui pense ainsi, ne serait-ce, répétons-le, qu'un instant, ressent immédiatement une paix inexprimable. Il a détendu tous les «fils», et d'un seul coup, les «hameçons» ont cessé leur torture. Autrement dit, sa conscience actuelle, brusquement libérée de ses entraves, remonte un instant (au moins partiellement, il est vrai) à sa propre source : l'EGO. C'est la béatitude du renoncement qui n'est pas égale à l'inaction.

Mais l'état mental qui apporte cette béatitude n'est vraiment possible que chez celui qui a une compréhension claire de la loi de Karma et une confiance entière en son absolue justice.

Un tel état, dira-t-on, n'est pas aisé à conserver à tout moment dans la journée chargée de problèmes de toutes sortes. C'est la raison pour laquelle il est recommandé de s'efforcer de l'obtenir au moins une fois, dans la méditation du matin. C'est comme une note musicale qui est alors frappée et dont il nous sera possible de maintenir le son tout au fond de notre conscience, même au plus fort de notre activité de la journée, et sans que ces deux états de conscience, <u>l'intérieur</u> et <u>l'extérieur</u>, se perturbent mutuellement, bien au contraire. Cela est, en tout cas, possible si nous le désirons.

B. <u>LA MEDITATION SPIRITUELLE</u>

Le Seigneur Bouddha a dit : «Pas de connaissance sans méditation et pas de méditation sans connaissance».

Avant de définir la méditation en tant que telle, nous allons voir succinctement la constitution de l'appareil sur lequel elle agit directement. Il s'agit du <u>cerveau</u>.
Cet appareil ou Central de l'être sensitif, est entouré de trois membranes : la dure-mère, la pie-mère et l'anarchnoïde, le tout logé dans la boîte cranienne.

Il est divisé en deux hémisphère : l'hémisphère gauche et l'hémisphère droit.

-   L'hémisphère gauche traite du raisonnement et de la logique.
    Exemple : 2 + 2 = 4, et 2 oranges + 2 bananes = (4) fruits.

-   L'hémisphère droit traite de visualisation, d'imagination et d'intuition. Il est le plus important des deux.

-   Un troisième hémisphère, que la science ignore ou ne veut pas en admettre l'existence, est le Sushumna, hémisphère central du cerveau, faille qui divise les deux hémisphère. Il fonctionne avec l'intuition ; c'est la conscience pure.
    Il faut remarquer également que c'est une artère subtile qui circule le long de la colonne vertébrale. Cette artère généralement fermée et son ouverture est obtenue par la **Prãnayama** (maîtrise du souffle),

donc par la méditation, car cette dernière permet cette maîtrise parfaite et confère d'extraordinaires pouvoirs individuels et la facilité de l'<u>Union Divine</u>.

1. Définition , buts et avantages

La méditation est la technique pour amener le corps à une fonction naturelle. En fonctionnant ainsi, de façon naturelle, le corps acquiert une meilleure résistance aux stress extérieurs et se libère de la «mort», c'est-à-dire de la dégénérescence des organes et des facultés mentales et physiques.

En agissant en alliance avec les lois naturelles plus vastes, le système nerveux acquiert, grâce à ce repos profond, la capacité de s'autogénérer. Il acquiert donc les qualités de la conscience béatitude infin:iele non-changeant, l'autoréférent, l'état de corrélation infinie, l'état d'ordre parfait.

En effet, selon la deuxième loi de la thermodynamique (partie de la physique qui traite des relations entre les phénomènes mécaniques et calorifiques), l'entropie (désordre) tend à s'accroître dans le temps et également à haute température. C'est la loi qui rend compte de la tendance à communément observer la perte d'information, d'intelligence, de directive et de structure dans le temps.

Le phénomène biologique de vieillissement est un cas particulier de cette loi. A basse température, le désordre est faible, c'est-à-dire que l'ordre est plus grand.

Au zéro absolu de T° = 273,76° au-dessus du point de congélation qui lui est de T° = - 273,76°, l'entropie est absolument nulle, c'est-à-dire que l'ordre est parfait.

Ainsi, l'affaiblissement physique, moral et intellectuel est associé à l'entropie et à la friction qui n'apparaissent que quand il y a beaucoup d'activités et de désordre.

La méditation permet de baisser la température mentale pour atteindre le zéro absolu, ainsi à cette T°, l'ordre est parfait, la friction est nulle, l'affaiblissement tend à disparaître. Le corps se détruit moins vite, nous augmentons par conséquent la durée de notre vie.

2. Le secret De La méDitation

Le secret de la méditation est de transcender les «ordinateurs» de la logique et de l'émotion qui fonctionnent continuellement, en les réunissant, en les neutralisant l'un avec l'autre. De ce fait, les ordinateurs sont équilibrés et «l'ordinateur» sentimental qui fonctionne rarement, devient actif et provoque <u>l'intuition divine</u>, puis <u>la conscience de Dieu</u>.

La conscience est un domaine non-changeant, illimité et autosuffisant, par conséquent immortel.
Le but du développement des états de conscience est d'amener l'être humain à réaliser progressivement sa nature ultime qui est cette pure nature consciente, vécue non seulement lorsqu'il se retire dans sa méditation, mais en permanence pendant la veille, le sommeil et le rêve, même au milieu des perceptions.

Le but de la vie n'est pas de détruire le corps (temple de Dieu) en s'alimentant, en dormant, en se défendant et en sexualisant à excès. Les animaux le font sans réfléchir mais avec mesure ; ils ont d'ailleurs une saison pour tout. Quelle serait alors la différence entre eux et nous, si nous nous arrêtons à ces quatre besoins qui deviennent par la suite des vices qui nous conduisent à la perte précoce de notre véhicule (corps physique) d'évolution.

Le but de la vie est d'aider le corps (temple de Dieu) dans son ascension, dans sa mutation et dans sa transformation vers une vérité supérieure, vers une félicité supérieure. Ceci est accompli au moyen d'une méditation contrôlée, soutenue et harmonieuse.

La méditation est synonyme d'attention, de concentration et de sagesse.

3. L'attention

L'Attention peut être comparée à une mère qui n'entend uniquement que les faibles pleurs de son enfant et non le bruit intense du dehors.
L'Attention est une ferme application du mental. C'est la concentration de la conscience sur un objet choisi.

4. La Concentration

La Concentration est la réduction du champ d'attention par effet de volonté.

5. <u>La Sagesse</u>

La Sagesse est la capacité de comprendre ce qu'il est
nécessaire de faire et pourquoi. Elle est une «essence»
qui pénètre et détruit les ténèbres de l'illusion, nous
permettant ainsi de voir la vie et le monde tels qu'ils
existent réellement.

6. <u>actions bienfaisantes De La méDitation</u>

L'état mental où n'existent plus de pensées venant des
sens, est la méditation. Elle est la coulée d'un flot incessant
de conscience divine. C'est le courant continu de la pensée
vers un objet unique : Dieu. Elle est l'écoulement régulier
de la pensée vers l'objet de la concentration. Elle fait suite
à cette dernière. C'est un puissant tonique, aussi bien
pour le corps que pour le mental. Les vibrations sacrées
pénètrent toutes les cellules du corps dont elles guérissent
les maladies.

Ceux qui méditent, évitent les frais médicaux ; les puissantes
et lénifiantes vagues qui s'élèvent pendant la méditation,
exercent leurs bénéfiques influences sur le mental, sur
le système nerveux (profonde relaxation des nerfs), sur
les organes (exemple du cœur et des poumons); bonne
oxygénation du sang par ces deux puissances, donc
purification de ce précieux liquide vital.

<u>**REMARQUES**</u>

Pendant le sommeil, nous avons −8% de consommation d'oxygène, et pendant la méditation nous avons −16% de consommation d'oxygène. Nous remarquons une diminution du rythme respiratoire, une diminution du débit cardiaque et une action revivifiante sur les cellules du corps.

Nous remarquons également la diminution du lactate (sucre nocif produit lors de la contraction musculaire), une augmentation de la résistance électrodermale et une rapide reconstitution des cellules en cas d'accident. Nous perdons le goût des excitants, drogues, boissons alcoolisées, tabacs, café et somnifères.

Un méditant régulier possède un charme magnétique. Ceux qui l'approchent, subissent l'influence de sa voix douce, de sa parole forte, de ses yeux brillants, de sa nature divine. Son aura, son rayonnement spirituel s'infiltre dans le mental des autres, qui y tirent joie, paix et force pour eux-mêmes. Ils se trouvent inspirés par la parole du méditant et leur mental s'élève à son contact.

La méditation ouvre la porte du mental à la connaissance intuitive et à maints pouvoirs. En effet, si vous faites régulièrement de la méditation et de la concentration, vous êtes susceptibles d'acquérir des pouvoirs psychiques et spirituels. Mais attention, il ne faudrait jamais vous en servir à des fins égoïstes et basses : pour les gains matériels ou autres. Vous serez puni sévèrement par la mère nature.

Action et réaction sont deux choses égales mais opposées. Chaque mauvaise action doit amener obligatoirement une réaction très violente (choc en retour). Prenez garde.

La méditation confère une masse de forces spirituelles, de paix, une vigueur et une vitalité nouvelles ; c'est le meilleur tonique mental. Elle développe les pensées fortes et pures. Les images mentales sont clairement tracées et bien définies. Les bonnes pensées ont une base solide. Par la clarification des pensées, s'évanouit toute confusion.

De même qu'un bâtonnet d'encens dégage constamment un parfum délicat, ainsi, une douce «odeur» et une clarté divine, une Aura magnétique se dégage continuellement de la figure d'un aspirant qui se livre à une méditation régulière.
Ceux qui sont dans ce cas auront une voix calme et douce, un visage serein, agréable et l'œil lumineux, un grand Amour pour autrui et pour la nature.

Le feu de la méditation consume toutes les turpitudes du vice. Il survient tout à coup une conscience et une sagesse divines qui mènent tout droit à la libération finale. Ceux qui la pratiquent s'aperçoivent qu'ils ont plus de sensibilité que les non-pratiquants.

Le méditant qui s'irriterait souvent, montrerait par là qu'il ne se donne pas à une méditation ininterrompue et qu'il a quelque chose de défectueux dans sa discipline.

L'objet de votre méditation silencieuse devrait se manifester dans la vie quotidienn:e vous devriez harmoniser la pensée et l'action; vous devriez être toujours en joie, en paix. Alors seulement, vous goûterez les fruits d'une véritable méditation.

C. <u>TECHNIQUES ET MOYENS POUR TOUS</u>

Il existe des techniques de méditation en fonction du caractère et de l'état mental de l'individu.

1) <u>Pour Les Personnes caLmes</u>

Le **Tantra** (contrôle de la respiration): cette technique consiste à regarder ses narines en respirant, les yeux fermés, assis en position égyptienne, pendant un temps déterminé à l'avance. 5 minutes les 3 premiers jours mais, jusqu 'à 20 minutes au-delà de 6 mois.

2) <u>Pour Les Personnes agitées</u>

Le Mantra ou Mantram (outil de la pensée) est la technique qui consiste à prononcer un Mantra qui est donné par un expert. Mais il existe des mantras universels :

a) <u>Hindous</u> : « **Om nama shiva ya** » (Salut, ô auguste lumière! Lumière de la vie qui dissout tout ce qui n'est pas harmonieux): pour une ouverture spirituelle.

b) <u>Chrétiens</u> : « **Alléluia Yeshua** » ou « **Om Jesum** » : pour une ouverture spirituelle et une puissante protection.

c) <u>Musulmans</u> (Soufi): **« Ya Hakamou »** : pour une ouverture spirituelle sur la sagesse et les vérités occultes.

3) P_{our} L_{es} P_{ersonnes} à ten_{Dance} artistique

Le **Yantra** (Visualisation, imagination): cette technique consiste à imaginer un beau paysage, une belle fleur ou toute autre chose qu'il nous est agréable de voir, dans tous ses petits détails.

Pour une bonne réussite de ces techniques, certaines conditions sont indispensables: la chasteté (pureté de l'âme et du corps), la réduction des besoins, la renonciation aux choses, la solitude, le silence, la discipline des sens, l'annihilation des mauvais désirs et de l'avidité, le contrôle de la colère, l'éviction des indésirables, la cessation des lectures et de films obscènes, la fréquentation d'un maître pour ceux qui ont obtenu une initiation particulière, pour un suivi. Tout cela contribue puissamment à frayer la voie, en accroissant le pouvoir de concentration lorsque vous pensez à Dieu qui est l'existence pure, la conscience pure, la béatitude pure (SAT-CHIT-ANANDA)

4) L'im_{Portance} De La nourriture

A ces techniques et moyens pratiques, il faut ajouter une alimentation pure et légère avec beaucoup de fruits, de légumes et de lai;t le lait est l'aliment spirituel par excellence.

<u>Remarque</u> : Le lait n'est pas une boisson mais un aliment d'une richesse reconnue. Il se digère en 4 ou 5 heures, tellement il est riche.

Dans la nourriture pure est une nature pure. Dans la nature pure, se fixe la mémoire, car le mental est constitué par la partie subtile des aliments; si ceux-ci sont impurs, le mental l'est également. Ainsi, dans une mémoire pure, se trouvent déliés tous les nœuds du corps tel est le jugement des sages et des psychologues. La nourriture joue donc un rôle important dans l'évolution du mental sur lequel elle exerce une influence directe.
Nous devons par conséquent faire attention à ce qui entre dans notre estomac pour pouvoir profiter de la subtilité des aliments pour notre évolution spirituelle, but de notre présence sur terre.

5) <u>Le comPortement quotiDien Du méDitant</u>

Dans la vie quotidienne, l'aspirant devrait toujours reconnaître ses fautes, ses erreurs, ses défaillances. Il doit éviter absolument les drogues, les excitants, les somnifères, l'alcool et le tabac, car ceux-ci attaquent directement les cellules du cerveau et sont extrêmement nocifs au développement spirituel et doivent être proscrit par quiconque souhaite s'ouvrir à sa nature supérieure. C'est ainsi seulement qu'il fera de rapides progrès.

D. <u>CONSEILS ET ENCOURAGEMENTS</u>

Il faut «méditer» régulièrement et aux mêmes heures, si possible; c'est un point important, c'est le prix d'un progrès rapide et d'un grand succès (application de la loi du rythme), même si vous ne constatez pas de résultats tangibles.
Quelquefois, les aspirants déjà avancés commencent par penser : « Que peut donc être cet état de réalisation divine ? Comment Dieu m'apparaîtra-t-il? Quel sera son aspect dans ma vision ?

La réalisation suprême dépasse toute description. Il n'y a pas la moindre possibilité d'en donner une image. Elle est parfaite, ineffable félicité, silence profond. La connaissance spirituelle se lève alors que le mental, l'intellect et les sens cessent de fonctionner. Il y a expérience intuitive interne. C'est ce qu'on peut en dire et il faudra en faire l'expérience soi-même.

Dans la SAMADHI ou état de supra-conscience, le vagabondage mental cessera progressivement grâce à une méditation régulière qui écartera toute irritabilité et augmentera sensiblement la paix de votre mental. Il faut persister avec sincérité, patience et persévérance. Après un certain temps, vous parviendrez au succès   ; n'en doutez pas, n'interrompez pas votre méditation ne fut-ce qu'un seul jour. Quelles que soient les circonstances, emplissez votre mental de pensées élevées, de pensées pures et divines ; il se formera de nouveaux canaux, de nouvelles voies.

51

Cessez d'argumenter, devenez silencieux. Tournez vos regards vers l'intérieur et tous vos doutes s'éclaireront. Vous recevrez un reflet de la connaissance. Les pages du livre intérieur de cette connaissance vous seront clairement révélées. Procédez ainsi et éprouvez-vous. Laissez le monde sur ses désirs et occupez-vous de vos propres affaires. Nettoyez votre laboratoire mental. L'homme qui ne s'occupe pas des affaires des autres est le plus pacifique du monde. Ne faites jamais rien avec négligence. Ne prenez pas vos repas à la hâte. Soyez calme et patient dans chacun de vos actes. Fuyez les conclusions hâtives, ne faites jamais rien trop vite.

La somme totale des plaisirs du monde entier n'est rien comparée à l'Ananda (félicité) procurée par la méditation. N'abandonnez à aucun prix cette pratique. Poursuivez votre marche pénible, persévérez, ayez de la patience, de la gaieté et de la ténacité, vous finirez par réussir ; découvrez par une sérieuse introspection les divers obstacles les uns après les autres par de patients efforts. Ne permettez pas à de nouveaux concepts ou souvenirs subconscients négatifs de prendre racine ; détruisez leurs bourgeons par la discrimination et une méditation soutenue.
Bâtissez par la méditation régulière, une solide forteresse spirituelle. Créez autour de vous une aura magnétique impénétrable aux plus puissants messagers de maya ou de satan. La méditation vous protège contre les attaques physiques et psychiques (sorcier).

« Avant que la flamme d'or puisse briller d'une lumière tranquille, la lampe doit être placée bien à l'abri, dans un lieu où il n'y a aucun vent » (Bhagvad-Gita V1/19).

Commentaire : « Placez votre mental à l'abri des vicissitudes du monde, dans la forteresse de la méditation. Ainsi, votre flamme d'or,»votre esprit» brillera d'une lumière tranquille et imperturbable ».

E. CONSEILS ET CONSIGNES POUR REUSSIR UNE BONNE MEDITATION

1) Se laver avant (douche froide de préférence, si on est dans un pays chaud)

2) Faire quelques respirations profondes (trois respirations en général) pour calmer les corps :
   - Physique
   - Astral
   - Mental.

   Se détendre les muscles en s'étirant à la manière d'un chat.

3) Le lieu doit être aéré, ni trop froid ni trop chaud.

4) Heures idéales :
   - Avant le lever du soleil (05 H – 06 H 30); une fois le matin

- Au coucher du soleil (17 H 30 – 19 H 30) ; une fois le soir

Mais elle peut se faire à toute heure selon sa convenance.

5) Temps à mettre (durée de la méditation) 5 à 20 minutes conseillées ; mais il peut être augmenté selon votre niveau de conscience.
Pour les débutants, il faudrait aller graduellement en augmentant jusqu'à atteindre les 20 minutes conseillées au bout de trois mois.

6) Attitude et tenue :

- Attitude
  - Calme (intérieur et extérieur)
  - Ne jamais se mettre en méditation en état de colère ou de tension (faire un peu de marche avant)
  - Ne jamais se mettre en méditation après un repas. Attendre toujours après la digestion (1 heure à 2 heures 30 après le repas)
  - Ne jamais arrêter ou sortir brusquement d'une méditation ; s'asseoir ou de préférence s'allonger au moins 5 minutes après chaque méditation.
- Tenue
  - Porter une tenue très décontractée; éviter les tenues synthétiques (Nylon).

7) Position : Assis face à l'Est ou au Nord, de préférence, en position égyptienne : assis sur une chaise, les mains sur les cuisses, les jambes légèrement écartées, la colonne vertébrale bien droite, les yeux fermés.

<u>Remarque</u> : La méditation peut se faire partout, même dans le bus.

F. <u>LA MEDITATION DU SOIR</u> (ou «examen de conscience»)

C'est cette méditation par laquelle, notre comportement journalier peut être examiné impartialement. Un tel examen n'a évidemment de valeur que s'il est effectué dans le calme des passions, dans un esprit de totale humilité et de recherche sincère de la vérité.

Par une telle attitude, nous sollicitons la sentence de notre juge intérieur, notre EGO lui-même qui se manifeste ainsi dans l'une de ses fonctions. Il nous répondra toujours si nous le cherchons vraiment.

Il est à remarquer que, dans ce jugement, nous revoyons les actions de la journée que nous venons de vivre comme s'il s'agissait d'un personnage autre que nous-mêmes, que nous regardons alors de l'intérieur, avec une certaine distance. Cela est dû au fait qu'à ce moment-là, dans une telle expérience, notre conscience s'identifie au moins en partie, avec celle de l'EGO et regarde effectivement comme quelqu'un d'autre, pendant quelques instants, la personnalité que nous avons animée et avec laquelle nous avons pu nous identifier par moment complètement. C'est une «remontée» partielle à l'intérieur de notre «flux de conscience» et il en résulte un état intérieur bénéfique..

Cet examen peut se faire également à l'inverse, c'est-à-dire que nous commençons par nous rappeler notre dernière action de la journée et nous revoyons successivement les autres actions jusqu'à la matinée du jour. Cet exercice bien fait régulièrement, nous évite le purgatoire (secret révélé).

Nous pouvons alors juger impartialement nos fautes et nos actions méritoires et en tirer des conséquences pour notre conduite future. C'est en ce moment que le Pardon doit être appliqué, quand nous reconnaissons avoir offensé autrui ; il doit être également accepté quand notre prochain nous a fait offense. Le Pardon doit être accepté également pour soi-même. Nous nous libérons ainsi du Karma négatif.

G. <u>CONCLUSION</u>

Un beau matin, par temps très doux, tout proche d'un paisible village, au bord d'un fleuve calme et limpide, un vieux sage réunit ses disciples et leur dit :
« Cela fait longtemps, très longtemps que je vous enseigne. Vous «savez» autant que moi et pour certains, plus que moi.
Je voudrais, pour votre dernière épreuve, que chacun traverse ce fleuve sans se mouiller les chevilles ».

Les disciples se regardèrent et se mirent à rire, car tous savaient différentes techniques pour réussir la traversée. Tour à tour, ils se mirent à traverser le fleuve en aller et retour, mais tous n'avaient pas tenu compte d'un détai:l **«Traverser le fleuve en aller et retour sans se mouiller les chevilles»** ; ils échouèrent, par conséquent, tous.

Alors, une petite fille du village qui a suivi la scène, demanda au sage :
- Maître, puis-je essayer moi aussi ?
- Mais… bien-sûr, répondit le vieil homme.
- Maître, puis-je avoir un privilège ?
- Bien-sûr, mon ange, en passant la main sur les cheveux de la petite avec Amour.
- Je voudrais traverser le fleuve quand je veux. Est-ce possible ?
- Comme bon te semble, ma fille.

Alors la petite fille fit venir ses amis du village et ils se mirent à jouer sur la berge. Ils demandèrent même au sage de leur raconter des fables, sous l'œil ahuri des disciples.

Le vieil homme voulant se retirer, dit :
- Ma douce petite, je suis tenu par des obligations et je dois partir pour d'autres lieux
- N'est-ce pas vous qui m'aviez accordé le privilège de traverser à ma guise ? Et je ne suis pas encore prête, rétorqua la fille.

Ainsi, la petite s'occupa à d'autres besognes et six mois passèrent ainsi.

Un matin, très tôt, la petite réveilla le sage et ses disciples et dit :

-   Je suis prête.
-   Alors traverse, répond le sage.

La petite traversa le fleuve en aller et retour sans se mouiller les chevilles. Elle venait ainsi de réussir à l'épreuve. C'était l'hiver.

Comment s'est-elle prise ?

Cette histoire vous semble bien mystiqu?e Méditez-la avec persévérance.

nIl desperandum (ne jamais desesperer)
Une leçon de sagesse peut venir d'un plus jeune, d'un néophyte en quête de savoir. Soyons attentifs, écoutons autrui. Ainsi nous apprendrons beaucoup. Un bon homme spirituel reste toujours un élève, car il sait qu'il ne sait rien.

La réponse à la question se trouve dans le texte de l'histoire de la petite fille.

CHAPITRE III :

LES MANTRAS OU MANTRAMS :
LEURS PUISSANCE ET IMPORTANCE

A. <u>ORIGINE</u>

Dans toutes les traditions, nous trouvons des références au verbe Créateur, au pouvoir magique des mots, à la puissance des noms divins.
L'Evangile selon St Jean nous parle du « verbe » qui était au commencement de tout et par qui tout a été créé.
Le verbe divin a fait surgir le monde et l'univers par la puissance de son Evocation.
Pour beaucoup de traditions, il existe un « son-mère » qui a donné naissance à de multiples sons correspondant de façon spécifique à des objets précis.
A chaque forme dans le monde et l'univers, correspond un «son » qui a présidé à sa création.
Des Rishis, des sages, des instructeurs de l'humanité ont pu percevoir les sons en rapport avec l'essence des choses. Ces sons ou formules mentales nous parviennent en mots, formant la structure des langues sacrées, issues-mêmes d'une langue primaire.
S'il y a rapport entre le nom, le mot, la vibration et la substance des choses, il nous est possible d'agir sur celle-ci et surtout d'entrer en contact avec la divinité adorée, cela grâce au nom de celle-ci ou à un ensemble de sons à prononcer selon le rythme révélé, car c'est la divinité elle-même, puisque toutes les énergies du divin sont concentrées dans ce nom.
Dans tous les courants mystiques, existent ces formules mentales que l'on appelle dans l'Hindouisme «Mantra» ou « Mantram ». On en trouve chez les Egyptiens, les Hébreux, les Bouddhistes, les Musulmans, les Gnostiques, les Animistes, etc.

Non seulement le mot possède des propriétés irrationnelles dépassant le tangible, mais les lettres ont une haute valeur symbolique, vibratoire, énergétique et numérologique.

Pour l'être de réalisation ou celui qui en prend le chemin, le Mantra n'est pas simplement une pensée-prière. Il est un corps mystique qui met en rapport direct avec le centre de la conscience transcendante. Selon la doctrine mantrique, la déité, son et sa puissance forment une seule réalité : le nom divin est une « SOURCE DE POUVOIR ».

Le son auquel correspond ce nom est vibratoire en partie audible sur le plan de la matière grossière, mais également inaudible ; son action se produisant sur d'autres sphères, non accessibles à notre entendement humain.

B. <u>DEFINITION</u> : MANTRA-JAPA

1. <u>MANTRA</u>

Le mot Mantra ou Mantram est composé de Manana (le fait de penser) et de Trana (libération de l'illusion). Décomposé, il donne ceci: man qui provient Manana et tra qui provient de Trana. Mantra est donc un processus mental.

Un Mantra est un pouvoir divin se manifestant dans un son. Les Mantras sont des « sons » purs ou des groupes de sons destinés à produire un effet donné. Les Mantras sont des catalyseurs alchimiques. Ce sont des instruments directs, des véhicules plongeant au cœur des centres d'énergies macrocosmiques.

Ce qui doit concerner les chercheurs spirituels que nous sommes, c'est l'utilisation d'un ou plusieurs Mantras afin de favoriser l'union avec la conscience divine.

2. <u>JAPA</u>

Le Japa est la répétition du Mantra ou d'un nom divin avec joie, foi et dévotion. Toutes les traditions religieuses, ésotériques, mystiques s'accordent pour reconnaître un véritable pouvoir illimité dans la répétition d'un nom sacré ou d'un nom divin. Les répétitions du nom de Dieu purifie l'esprit et favorise le progrès de l'âme.

Dans la Bible, plusieurs psaumes y font plus ou moins clairement allusion:

• Dans l'ancien Testament

-     Torah : bible juive :
      « Célébrez YAHVE, invoquez son saint nom. Glorifiez son nom »
      « J'ai évoqué le nom de YAHVE, et YAHVE a sauvé mon âme »
      Je louerai ton nom, car il est bon. Il délivre de toute angoisse ».
-     St Bernard de Cîteaux disait : « Le nom de JESUS(YESHUA) est un miel à ma bouche, une jubilation à mon cœur, une médecine bienfaisante ».

• Dans le nouveau Testament (Evangiles), le Christ dit ceci : « Quand tu prie s, ne multiplie pas les mots ». Interprétation : N'utilise pas de longues phrases ; choisit un nom divin ; il est bref mais très puissant.

Dans le Coran, l'utilisation des noms divins est fortement précisée et recommandée. Un verset ou Saint livre dit ceci : « O vous qui croyez, répétez souvent le nom de ALLAH. Répétez ses louanges, matin et soir »

Un Soufi (mystique musulman) dit ceci : « Le nom de ALLAH dissipe les soucis. Il supprime toute tristesse, il annule l'efficacité du poison. Le saint nom propage la lumière ».

Ramakrishna, un grand de l'Hindouisme, affirme ceci :
« Si vous posez du bois mouillé sur un brasier, il perd petit à petit son humidité.
De même, l'esprit de frivolité se dessèche de lui-même chez l'homme qui répète le saint nom de Dieu ou
un Mantra spécifique et qui y trouve son refuge ».

Celui qui se dit qu'il pourra penser à Dieu lorsque son attachement aux choses terrestres aura pris fin, ne sera jamais capable de la faire, car ce moment ne viendra jamais. C'est maintenant qu'il faut commencer. Le véritable but de notre vie sur la terre est notre évolution spirituelle. Pensons-y avant l'heure du retour, car nous n'irons pas dans notre patrie avec nos nombreuses possessions matérielles encore moins nos comptes bien fournis en banque, mais avec la quintessence de nos travaux spirituels emmagasinée dans notre âme (corps causal, l'atome permanent).

Lorsqu'on arrive à croire à la puissance du saint nom de Dieu et qu'on se sent disposer à la répéter constamment, ni discernement, ni exercice de piété d'aucune sorte ne sont plus nécessaires. Tous les doutes sont apaisés, l'esprit devient pur, Dieu lui-même est réalisé par la puissance de son saint nom.

Swami Sivananda, un très grand yogi qui a écrit plus de deux cents livres, disait ceci : « Le Japa Yoga est le moyen le plus sûr et le meilleur marché pour atteindre à la réalisation de Dieu. Gloire au Seigneur, Gloire à son nom ». Le Japa Yoga se définit comme la voie de l'union avec Dieu au moyen de la répétition de son saint nom ou d'un Mantra.

Dans la chrétienté, on parlera d'oraison. En cela, St Jean de la Croix affirme : « Ne laissez sous aucun prétexte l'oraison mental, elle est le soutien de l'âme. Dans toutes nos nécessités, épreuves et difficultés, il n'est point pour nous de secours meilleurs et plus sûrs que l'oraison ; et l'espérance de Dieu daignera pourvoir à tout par les moyens de son choix. L'oraison chasse la sécheresse, augmente la dévotion et porte l'âme à l'exercice intérieur des vertus ».

Le but du Japa-Yoga ou Mantra-Yoga ou Oraison est d'aider au souvenir constant du divin, de permettre à l'aspirant de se purifier avec persévérance et de parvenir à l'union avec la divinité. On peut affirmer que la répétition constante d'un Mantra évolutif avec l'attitude mentale juste, foi et dévotion, dans le respect des règles (loi du rythme en particulier), en pensant à sa signification, nous mène par un effort soutenu que rien ne désarme, à la découverte du « moi suprême » en nous-mêmes ; elle dégage les

imprégnations négatives du subconscient et les remplace
peu à peu par des éléments positifs, préparant le terrain à
l'union avec le divin.

C. <u>OM</u> : LE MAHA (grand) MANTRA

Le son OM, appelé encore Pranava, est considéré par
la sagesse antique de l'Inde comme étant le symbole du
nom de la Suprême Conscience.

1. <u>**AUM,** CLEF DES NIVEAUX DE CONSCIENCE</u>

Un texte Upanishads (livres sacrés de l'Inde qui servent
de commentaires aux Védas) considère trois éléments du
son correspondant aux trois lettres A.U.M. Le son « O »
est considéré comme une combinaison du A et du U.

Le Pranava OM étant la projection de la puissance
créatrice de la conscience transcendante. AUM représente
globalement l'expression de celle-ci et ses composants
trinitaires A.U.M., des degrés divers de cette conscience.
Ainsi se présentent les trois niveaux de conscience
symbolisés par :

A : Conscience de veille, correspond à la conscience
subjective du monde extérieur

U : Conscience durant le rêve ; c'est la conscience de
notre monde intérieur

M : Conscience du sommeil profond ; conscience
indifférenciée, ne distinguant pas entre le sujet
et l'objet

Le son OM est la vibration qui mène au quatrième état qui englobe et transcende à la fois tout. C'est d'après les textes, la conscience de la quatrième dimension, sublime condensation de son, de lumière, d'énergie, de sagesse.

AUM est le résumé des écritures.
Les sages disent que les Védas, les Upanishads et toutes les écritures se résument dans le pranava OM. Selon la loi de Mamou, « qui connaît AUM connaît le Véda et qui connaît le Véda connaît tout ».

Leur affirmation se fonde sur cette idée que tout est dans la syllabe AUM :

A : signifie le « moi »
U : signifie « ce qui n'est moi »
M : « l'indissoluble relation des deux sons »

Un autre texte sacré précise : « Ce son de musique, cet AUM, c'est le Brahama suprême. En lui seul sont cachés les trésors bien indiqués par les trois lettres. Sachant le secret qui se cache entre elles, qui connaît Brahama, s'absorbe en lui et s'affranchit des renaissances ».

Le Pranava OM est pour la pure tradition de l'Inde, la clé du passé, du présent et de l'avenir. Celle des Védas et de toutes les écritures sanscrites, le support des forces qui président à la création, à la préservation et à la transformation du monde.

2. <u>INFLUENCE DU SON **OM** SUR LE CORPS ET LE</u>
<u>PSYCHSME</u>

Le symbole sacré a des effets physiologiques, psychiques et une influence spirituelle. Le son OM fait vibrer l'ossature de la cage thoracique (quand il est prononcé à haute voix), stimule les cellules des poumons et permet un meilleur échange gazeux. Il harmonise le fonctionnement des organes internes. Il fait vibrer le cou, la tête et stimule les glandes secrétant les hormones fondamentales : thyroïde, hypophyse, épiphyse.

Par la répétition de ce son, on améliore sa santé, on entretient sa jeunesse, son dynamisme. Par l'usage régulier et fréquent de OM, nous calmons notre esprit, maintenons en nous un climat d'optimisme. Communions avec la conscience divine : nous faisons grandir notre compréhension du but de la vie, notre sagesse, assurons notre protection psychique contre les mauvaises influences. Il importe d'insister sur le fait que l'obtention de ces fruits n'est possible que si l'on se puriife de toute méchanceté, de la jalousie, de la haine.
A défaut de faire le jeûne tous les jours, il faut travailler dans certaines conditions :

Pour les travaux du matin et du soi, prendre un bain avant ; l'eau purifie le corps. Dans la journée, pour ceux qui veulent continuer le « travail », il faut éviter de boire de l'alcool ou s'abstenir de prononcer des mots sacrés dans cet état. Il faut surveiller ses paroles ; point d'injures, de grossièretés, de médisances.

Tout ce travail doit être basé sur un bon usage inspiré par la bienveillance sincère, le pardon des offenses, l'amour vrai.

3. **OM** COMME INSTRUMENT DE LIBERATION

OM est le mot d'espérance et de gloire pour l'âme. Celui qui prend le sentier de sagesse apprend à le prononcer, s'en sert et lui rend hommage. Il s'installe sur les ailes du cygne Hamsa, symbole de l'absolu dont le propulseur est AUM.

Selon le Manduka-Upanishads, « AUM est l'immortalité. Brahama qui est toute chose a pour figure AUM. Brahama est l'âme et cette âme dépend du mot AUM qui dépend de ses parties ; ces parties sont les trois lettres AUM qui sont les conditions d'existence de l'âme ».

Pour les traditions de l'Inde, OM est le verbe. Il contient en lui la clé de la terre, du plan astral et des plans célestes. Ce mot de puissance aide à quitter les ténèbres de l'illusion. Par lui, nous pouvons nous libérer de la roue du Karma et des renaissances.

Le AUM est l'arc, la flèche est l'âme, Brahama est le but. Il doit être atteint par un homme qui n'est pas inattentif et alors de même que la flèche ne fait qu'un avec la cible, il ne deviendra qu'un avec Brahama.

La syllabe sacrée est ainsi un pieux instrument qui guide à la purification, mais lorsque celle-ci est mise en œuvre avec ardeur et par tous les moyens et lorsqu'il s'y ajoute la circonspection et la vigilance, alors l'arc de OM propulse l'âme au cœur même de la divinité. Ainsi le mortel devient « immortel ».

D. <u>LA MAIN DIVINE</u>

L'homme est lui-même un univers qui cache des secrets. Seuls les initiés les ont découverts. Pour avoir eu la chance et surtout le courage et la foi de poursuivre mon étude et mes recherches, ces premiers m'ont levé un voile et je vous fait découvrir un secret : « **la main divine** ».

Certains utilisateurs de chapelet font un travail de développement intérieur immense mais dans l'ignorance, ce qui amoindrit les résultats. Nous essaierons d'y remédier.

La bonté est liée plan physique, la justice au plan éthérique, l'amour au plan astral, la sagesse au plan mental et la vérité au plan causal.

Dans la main, c'est le pouce (lié à Venus, planète de la beauté) qui représente l'amour ; l'index (lié à Jupiter, planète de la bonté) représente la bonté. Le majeur (lié à Saturne, planète de l'intelligence) représente la justice, l'annulaire (lié au Soleil, planète de l'équilibre) représente la sagesse.

Si vous développez ces cinq doigts de votre main divine, vous obtiendrez de grandes possibilités d'agir, surtout pour les guérisseurs. Le magnétisme de la main physique augmente considérablement et la transmission de fluide magnétique de guérison se fait de façon très efficace.

Le travail de développement de cette main se fait grâce au chapelet. Mais en fait, qu'est-ce qu'un Chapelet ?

Le chapelet n'est rien d'autre qu'un instrument pour compter le nombre de fois que l'on s'impose pour répéter un Mantra ou une oraison, ou pour compter le nombre de fois qu'il faut répéter un Mantra pour le « réveiller ». Un Chapelet est donc un compteur. Il nous permet également de fixer notre mental.

Il existe plusieurs sortes de chapelets ; d'aucun parle de chapelet chrétien à (54) grains, d'autres de chapelet musulman à (33) ou (99) grains, ou encore de chapelet hindou et de chapelet juif à (108) grains. Retenez qu'il n'existe pas de chapelet de qui que ce soit. Le chapelet tient son importance dans le nombre de ses grains, dans l'usage qu'on en fait et non dans son appartenance. Tout tourne autour du nombre (9). Il existe des chapelets particuliers comme celui des Tidjani (groupe de Soufi, mystiques musulmans) à (11) grains et celui à (100) grains pour d'autres musulmans.

Revenons au nombre (9) et scrutons-le. Le nombre (9)est le nombre racine de phase actuelle d'évolution. Il a dans notre système, une signification qu'aucun autre nombre ne possède : c'est le nombre d'Adam, de la vie qui a commencé son évolution en tant qu'homme et qui a atteint la phase humaine pendant la période de la terre.

Dans la langue hébraïque comme dans l'ancienne langue grecque, il n'y a pas de chiffres, mais chaque lettre a une valeur numérique (source de la numérologie).

En Hébreu, Adam s'écrit ADM, avec pour valeur numérique : A = 1, D = 4, M = 40, ce qui donne, calculé numérologiquement : 1+ 4 + 4 + 0 = (9), le nombre d'Adam ou de l'humanité.

Sinouspassonsdu Livrede la Genèsequitraitedelacréation
de l'homme dans un passé lointain, au Livre de l'Apocalypse
qui traite de sa condition future, nous trouvons que le
nombre de la bête qui entrave le progrès (666). Or, en faisant
le calcul numérologique de ce nombre, nous obtenons :
6 + 6 +6 = 18 = 1 + 8 = (9).

Nous retrouvons le nombre de l'humanité qui est elle-
même la cause de tout mal qui s'oppose à son propre
progrès. Ne dit-on pas pendant certaines initiations, que
son pire ennemi est soi-même ?

Le (9) de l'humain (1 + 4 + 4 + 0) est égal au (9) de la bête (6 +
6 +6) qui s'oppose à son évolution. Donc l'homme est son
propre ennemi s'il ne maîtrise pas ses corps physique,
astral et mental (mauvais actes, mauvaises émotions,
mauvais sentiments, mauvaises pensées).

Toujours dans la Genèse, nous trouvons le passage qui
parle du nombre de ceux qui seront sauvés et nous trouvons
le nombre 144.000, ce qui équivaut à 1 + 4 + 4 + 0 + 0 +
0 = (9) ; soit de nouveau le nombre de l'humanité. Ce qui
montre bien, que pratiquement toute l'humanité sera
sauvée; car le nombre de ceux qui sont incapables de faire
des progrès dans notre évolution actuelle est négligeable
en comparaison de la somme totale. Même ceux qui
échouerons ne seront pas perdus, car ils continueront
leur évolution dans un prochain jour de manifestation,
jusqu'à ce qu'ils se montrent si opposés à la loi d'amour
que cette farouche opposition dissolve leur âme (cas très
rare, Dieu nous donne toujours une possibilité de rattrapage ;
là est sa miséricorde).

Si nous considérons l'homme formant un degré lui-même (1) et si nous notons qu'il y a (13) initiations de l'homme à Dieu (évolution) à partir du moment où il a commencé à se rendre capable de devenir une intelligence créatrice conscience et que son involution se fait en treize (13) étapes, nous obtenons de nouveaux le nombre neuf (9), car 1 + 13 + 13 = 27 = 2 + 7 = (9). Ce nombre est aussi dissimulé dans l'âge du Christ. Effectivement, il a vécu 33 ans : 3 x 3 = (9).

Dans la Franc-Maçonnerie, ce nombre a été conservé en analogie à l'âge du Christ du Christ ; on parle de 33 degrés de la maçonnerie. En fait, il s'agit de (9) degrés. De même, on parle des fois du 18 degré des Rose –Croix ; là encore est caché le nombre (9): 18 = 1 + 8 =(9).

Examinons l'homme en tant qu'être physique : avant sa venus dans monde, (9) mois en gestation ; temps pendant lequel le corps se développe jusqu'à ce qu'il atteigne son degré actuel d'efficacité. Nous avons dans le corps, neuf (9) ouvertures : les 2 yeux, les 2 narines, les 2 oreilles, la bouche et les 2 orifices inférieurs.

Regardons à présent dans nos paumes :
- dans la main droite, nous voyons I∧, chiffres arabes qui sont égaux à (18) ; or (18) = 1 + 8 = (9)
- dans la main gauche, nous voyons ∧I , chiffres arabes qui sont égaux à (81) ; or (81) = 8 + 1 =(9)
- la main droite additionnée à la main gauche = (18) + 81 = 99 = 9 + 9 = (18) = 1 + 8 = (9)

Nous retombons également sur les (99) noms de Dieu selon la religion musulmane et les (72) anges

cabalistiques chez les gnostiques chrétiens (72) = 7 + 2 = (9).
Nous pouvons donc conclure qu'il existe neuf noms
principaux de Dieu.

Le neuf (9) est vraiment le nombre de l'homme et de
l'humanité. En continuant nos investigations, nous
pouvons noter la trinité des neuf (9) :

- les neuf (9) mois de gestation
- les neuf (9) clés de la numérologie (en
calcul numérologique, nous comptons
de 1 à 9, base de c cette science)
-    les neuf (9) clés de l'univers : les cinq sens (le
goûter, le toucher, l'ouïe, l'odorat, la vue) et les
quatre éléments essentiels (l'eau, la terre, l'air, le feu).

Revenons à nos Mantras, invocations, oraisons ou
litanies, pour dire que le neuf (9) étant la racine vibratoire
des nombres, il est conseillé de l'utiliser pour nos travaux,
car ce nombre est sacré et nous donne des résultats
satisfaisants, incontestables et incontestés.

Avant d'expliquer l'utilisation du Chapelet, je voudrais
insister sur le nombre des grains :
-    Chapelet à 33 grains utilisé par certains Musulmans :
     33 = 3 x 3 = (9)
-    Chapelet à (54) grains utilisé par les Chrétiens : 54 = 5
     + 4 = (9)
-    Chapelet à 99 grains utilisé par d' autres Musulmans :
     (99) = 9 + 9 = 18 = 1 + 8 = (9)
-    Chapelet à 108 grains utilisé par les Hindous, les juifs
     et les Gnoses chrétiens :
     (108) = 1 + 0 + 8 = (9).

Nous retrouvons chaque fois le nombre (9). Donc, l'important est de combiner les chiffres pour atteindre le nombre (9). La seule différence réside dans le « nombre de fois qu'il faut répéter un Mantra pour le réveiller ».

Le nombre (9) obtenu par la combinaison n'a pas la même valeur énergétique vibratoire. Le nombre (9) obtenu à partir de (33) n'à pas la même valeur vibratoire que le (9) de (54), ni le 9 issu de(99), encore moins le (9) de (108). Plus le nombre utilisé est élevé, plus le degré vibratoire l'est également.

D'ailleurs, on peut obtenir le nombre de combinaisons désirées avec chacun des chapelets cités. Ce n'est qu'une question numérologique, donc mathématique.

Sachez également qu'un mystique doit avoir des connaissances dans presque toutes les sciences. C'est cela même le résultat de son travail bien fait, car à un certain stade de développement de conscience, nous avons une ouverture sur la « connaissance ».

• <u>UTILISATIO N DU CHAPELET POUR DEVELOPPER L'AMOUR, LA BONTE ET LA JUSTICE</u>

J'écrivais au milieu de ce chapitre que certaines personnes font un travail immense de développement intérieur sans pouvoir recueillir le maximum de resultat. Ils ne sont d'ailleurs pas condamnables, car ils « savent pas ».

En effet, lorsqu'on travaille avec un chapelet, on utilise trois doigts : le pouce lié à l'amour, l'index lié à la bonté, et le majeur lié à la justice.

La pression d'un grain de chapelet envoie une impulsion dans le cœur, zone de développement de l'amour, de la bonté et de la justice. Cette impulsion dynamisée par le Mantra prononcé mentalement et le nombre de fois que ce Mantra est prononcé, ouvrent la porte à l'épanouissement de l'énergie de développement des vertus.

Il est à remarquer que quelque soit le Mantra et le but à atteindre (positif), une fois qu'on « travaille » avec un chapelet, on développe ipso-facto l'**AMOUR**, la **BONTÉ** et la **JUSTICE**.

Ceci étant, l'homme qui s'exerce avec un chapelet de façon consciente, développe ces qualités indispensables à l'évolution spirituelle humaine.

E. <u>EFFETS BENEFIQUES DU JAPA</u>

La pratique du Japa aide à obtenir :
- un mental plus stable et calme
- un meilleur sommeil (lutte contre l'insomnie)
- le renforcement de la foi
- l'élimination des poisons de l'âme :
  égoïsme, envie, jalousie, orgueil, méchanceté
- le nettoyage de l'inconscient
- une désimprégnation des éléments négatifs pour une
  meilleure imprégnation par des positives et spirituelles
- un accroissement de l'Amour pour le divin
- un détachement intérieur et une sérénité
- une élévation des vibrations
- un attrait de grâces
- un éveil des pouvoirs supranormaux (siddhis);
mais là n'est pas le but de la spiritualité, seule
la libération spirituelle doit être notre finalité

- une protection contre les dangers   et
la fuite des mauvaises entités
- la guérison du corps et de l'esprit en rétablissant
l'harmonie entre le conscient et l'inconscient
-   l'éveil de la Kundalini (de façon naturelle)
-   la libération spirituelle
- la descente en nous de la lumière et la
dispersion de nos ténèbres   intérieur s
- la protection sur les plans subtils : c'est un passeport
quand nous quittons le monde phénoménal pour les
plans hyper-physiques.

F. <u>QUELQUES CONSEILS PRATIQUE</u>

Le Japa   nécessite des années d'application fervente.
Un Mantra doit être « éveillé » par une ascèse constant.
L'ascèse suppose la répétition continue du nom divin ou du
Mantra, un nombre de fois déterminé autant que possible
en un même lieu, à des heures régulières (loi du rythme).
Pour compter, le pratiquant se sert d'un chapelet. Il faut être
rigoureux avec soi-même ; si l'on remarque un manque de
concentration, il faut recommencer l'exercice.

En dehors des moments réservés à l'ascèse, répétez
constamment un Mantra (mentalement) toutes les fois
où cela est possible : en marchant, dans un bureau, un
commerce, dans le bus, le car, l'avion. Ces répétitions
ne sont pas comptabilisées matériellement mais
spirituellement.

Ce genre d'exercice nous permet d'être toujours relié à la source. La tradition nous dit que si la répétition d'un Mantra effectuée à haute voix donne un résultat égal à un, sa répétition murmurée aura un effet mille fois plus grand et la répétition mentale d'un Mantra sera cent mille fois supérieure.

Si vous sautez des syllabes du Mantra, vous amputez l'élément qui prend une forme appropriée en rapport avec l'énergie. Cela revient à créer un être à qui manquerait un bras, une jambe ou un œil.

La connaissance des vertus, le rythme et la prononciation du Mantra sont obligatoires. Le phénomène de « resonnance » est actuellement reconnu par la science. Tout ce qui bouge quelque part a une répercussion dans l'univers entier.

La prononciation d'un Mantra est une transmission d'ondes et comme il y a transmission, obligatoirement il y a réception.

Si l'émission des vibrations est non harmonisée, alors les vibrations reçues sont mauvaises. Le manque de résultat dans l'ascèse d'un Mantra peut venir :
-        du non-respect des règles
-        du manque de foi de la part du pratiquant
-   d'un manque d'harmonie avec la conscience divine.

G. <u>CHOIX D'UN MANTRA</u>

Il est conseillé d'avoir un maître spirituel pour obtenir de lui un Mantra. Mais si pour des raisons diverses, nous ne pouvons pas rencontrer un tel personnage, choisissons un Mantra qui correspond à notre tradition religieuse et répétons-le.

La Bhagavad-Gita nous dit : « Quel que soit le nom par lequel on me désigne, je demeure le même ». JESUS, ALLAH, BRAHMA, BOUDDHA, JEHOVAH, LAGO, GNAMIEN, GOD ; tous ces noms divins conduisent à l'essentiel.

H. <u>QUELQUES MANTRAS SPECIFIQUES ET LEURS VALEURS NUMOROLOGIQUES</u>

<u>Remarques</u>

1. Tous les mantras que je vais donner sont des Mantras déjà utilisés par l'auteur du livre. Les résultats sont probants sur le plan spirituel comme matériel ; tout est question de constance et de patience, en ayant en esprit de faire bénéficier les résultats de ce travail à tous les règnes de la nature.

2. La valeur numérologique indique le nombre de fois qu'il faut répéter le Mantra pendant une ascèse, à des heures précises (loi du rythme).

3. Avant de commencer une ascèse, faites d'abord une méditation et/ou une prière de votre religion afin d'harmoniser vos vibrations et vous unir à la source divine.

4. Les Musulmans vous parlerons du « ZIKR », les Chrétiens de « ORAISON ».

« L'eau qui tombe goûtte à goûtte et de façon régulière, finit par percer le plus dur des rochers » ; une entité sera sensible à son appel incessant à des heures précises. Prenons maintenant nos chapelets pour le Mantra yoga ; « Il faut œuvrer et non se laisser manœuvrer ».

• MANTRAS POUR L'OUVERTURE SPIRITUELLE (PURIFICATION)

1. Mantras Soufi

a. **ALLAH** (valeur numérologique : 4 356). Ce Mantras peut être prononcé le matin et le soir. Il est également très efficace pour tous les désirs (positifs) de quelque ordre que ce soit. Nous pouvons l'utiliser pour des besoins matériels en précisant l'intention.

b. **YA HAKAMOU** (valeur numérologique : 594). Ce Mantras doit être prononcé le matin et le soir.

2. Mantras Chrétien et Juif (Cabale)

a. **OM JESUS ou OM JESUS CHRISTUM** (valeurs numérologiques : 54 ou 108). Ces Mantras peuvent être prononcés le matin, le soir et à tout moment (mentalement).

b. **ALLELUIA YESHUA** (valeur numérologique : 108). Ce Mantra se prononce le matin, le soir et à tout moment (mentalement).

c. **EL OLAM** (valeur numérologique : 108). Ce Mantras à la même utilisation que le précédent.

3. Mantras Hindou

OM (valeur numérologique : 108). Ce Mantras est valable pour toute cause positive. Préciser l'intention avant de prononcer le OM (mentalement) le nombre de fois choisi.

Il faut être très « rationnel» pour celui qui n'a jamais travailler avec ce Mantra. Il faudrait aller avec beaucoup de prudence. Vous augmenterez le nombre en fonction de votre état vibratoire. Vous le remarquerez en fonction de certains changements de votre corps (difficulté pour votre corps d'accepter l'alcool, le tabac ; changement de l'éclat de votre peau ; meilleure santé ; bonne entente avec votre entourage ; tendance au végétarisme, etc.).

• MANTRAS POUR LES BESOINS MATERIELS

Je ne vais vous transmettre que deux Mantras Soufi d'une haute puissance :

1. **YA ZOUL DJALALI WAL IKRAM** (pour vivre dans l'aisance matérielle), Valeur numérologique : 1 116 ; à répéter en ascèse et durant la journée.

2. **YA MUGHNY** (pour obtenir de quoi vivre tous les jours), valeur numérologique : 1 111 ; à ne répéter que le **Vendredi** toute la journée en ascèse le matin ou le soir.

Tous les chercheurs spirituels savent que la Lune joue un rôle important dans l'évolution des règnes et influe considérablement sur l'homme ; raison pour laquelle certaines cérémonies de hautes puissances magiques se font à la pleine lune ou à la veille de la pleine lune. Pour nos ascèses, nous allons travailler de la façon suivante :

• Les 13e, 14e et 15e jours après l'apparution de la Lune, nous allons faire des ascèses entre 00H et 4H30. Chacun choisira son heure ou ses heures de travail dans cet espace horaire et s'y conformer.

• Le 13e jour, nous allons utiliser un Mantra de Purification

Remarque : Le nombre (13) n'est pas maléfique. Ce nombre n'est qu'un « amplificateur », c'est-à-dire qu'il ne fait qu'augmenter le mal ou le bien suivant le cas.

Un homme négatif a beaucoup plus de chance d'avoir un malheur le (13) du mois, tandis qu'un homme positif verra son bonheur s'accroître un (13) du mois.

« Si nous ne pouvons pas changer la direction d'un bateau, changeons la direction de ses voiles ; le bateau prendra une autre orientation. Notre destin est modifiable. Il faut décider de changer l'orientation de notre vie et celle-ci s'améliorera inévitablement ».

• Le 14e jour, nous utiliserons un Mantra d'éveil spirituel

• Le 15e jour, nous utiliserons un Mantra pour résoudre nos problèmes matériels et de maladies.

• pour un travail « spécial », on peut multiplier la valeur numérologique par un nombre ésotérique (1,3,5,7,9) afin d'augmenter le taux vibration du Mantra.

Quand le nombre obtenu est élevé, et pour savoir combien de tour du chapelet nous devons faire pour atteindre la valeur numérologique, il faut diviser ce nombre obtenu par le nombre de grains du chapelet utilisé .

• Pour des Mantras que vous retrouverez pour plusieurs emplois, il faut dire votre intention avant l'ascèse.

• N'oubliez pas de toujours remercier la divinité pour l'aide qu'elle vous apporte.

I. <u>AUTRES EFFETS REMARQUABLES DU SON « OM » ET QUELQUES APPLICATIONS</u>

La Pranava OM, parce qu'elle renferme toutes les gammes de sons, peut permettre la purification de son corps, de son psychisme, de son ambiance, du monde environnant. Ses vibrations se repétaient à l'infini.

Ce son fondamental offre un moyen énergétique pour élever le taux de nos propres vibrations, surtout si nous sommes engagés dans l'effort en vue du détachement intérieur et la culture de l'amour universel.

Quoi qu'il en soit, répétez-le au moment où vous sentez l'heure venue de quitter le véhicule de chair féminin ou masculin que vous avez utilisé sur cette terre. Le son OM est le souffle de absolu à travers l'univers, dans les différents plans de la manifestation, le verbe devant permettre la remontée de l'âme, brisant toutes ses chaînes terrestres pour retrouver, bercé par son rythme sacré, le sublime pôle de l'éternité.

Si nous respectons les règles et conditions prescrites, le fruit peut être l'éveil de pouvoirs surhumains. Cependant, l'aspirant vigilant se détourne des pouvoirs ou Siddhis, afin d'atteindre avec moins de risques de chuter, la réalité, c'est-à-dire la fusion avec la Suprême Conscience.

Avec le OM, prenez votre essor vers le ciel de l'unique, avec les ailes de la dévotion et de la sagesse ; atteignez votre demeure éternelle, siège suprême de l'immortalité. Par la résonance de la syllabe magique qui représente le noyau intime de la divinité, l'adepte est en mesure d'appeler la divinité en lui et de la disposer à exaucer ses désirs.

La répétition du son OM et ses applications comptent des règles précises. Certaines ne peuvent être communiquées que de bouche à oreille, à des personnes qui ont fait la preuve de bonté, d'amour, d'esprit chevaleresque ; autrement, on risque de tomber dans cette erreur visée par cet adage antique : « Garde-toi de faire un indigne en faisant un initié ».

Le chercheur sincère retiendra cette donnée fondamentale. C'est seulement, aux conditions de s'abstenir de médisance, de nuire à autrui et dans la mesure où l'on se purifie constamment, cultive l'amour, pardonne les offenses, que l'on tire un immense profit de la répétition fréquente du Maha Mantra OM.

Les quelques indications données ci-dessous ont une haute valeur initiatique :

• **OM** chanté à voix haute, purifie l'ambiance, chasse les mauvaises entités, charge les lieux de bonnes vibrations.

• **OM** chanté à voix basse, calme physiquement et mentalement, guérit, favorise la concentration.

• **OM** chanté mentalement, aide à la concentration, à la méditation, accroît la force intérieure, mène à la délivrance de l'âme.

== _Nous voudrions bien insister encore une fois sur ces points capitaux : tout usage égoïste, mesquin, mal intentionné, méchant, vengeur, etc. produit un choc en retour violent contre celui qui le tente._==

J. PRUDENCE DANS L'UTILISATION DES MANTRAS

Il est souhaitable que ce soit quelqu'un qui a déjà utilisé (expérimenté) un Mantra qui vous le donne. Il faut être très prudent quand à l'utilisation des Mantras que l'on trouve dans un livre ; le déplacement d'un mot ou d'un son peut produire l'effet contraire.

En général, un travail préliminaire est demandé avant l'utilisation d'un Mantra. Ce travail préliminaire consiste au développement de l'amour, de la bonté et de la justice. Pendant au moins trois mois, soutenu par une prière et une méditation régulières. En fait, il faut se purifier des mauvais sentiments, des mauvais actes, des mauvaises pensées. Il faut cultiver l'altruisme, la philanthropie.

EPILOGUE

J'ai fait l'effort d'écrire ces quelques lignes. A vous à présent de faire « votre effort » pour « travailler » afin de récolter les fruits de votre perspicacité et de votre endurance.

Après avoir terminé ce livre et l'avoir relu, je me suis rendu compte que je n'avais encore rien fait ; alors, j'ai repris mon chapelet et le premier Mantra qui m'est venu à l'esprit, Mantra que je n'avais jamais rencontré, était « OM EL SHADDAÏ ».

« MERCI DIEU TOUT-PUISSANT »

QUELQUES CITATIONS

+ Si on traduit un Mantra, il perd de son efficacité, car les sons utilisés dans la langue de traduction ne correspondent par au corps de déité que l'on désire évoquer.

+ « La gloire du nom de Dieu ne peut être prouvée par le raisonnement et l'intellect ; on ne peut en faire l'expérience que par la vénération et la foi ».

(GANDHI)

+ « Dieu se révèle à ceux qui récitent son nom. Il ne peut résister à notre appel, il n'est pas de barrière entre lui et celui qui récite son nom ».

+ « La répétition d'un nom sacré est un moyen de rappel, de souvenir constant et constitue une voie simple de communion avec la conscience divine ».

+ Le Mantra étant considéré comme Dieu, celui-ci transmet au croyant s'adonnant à sa répétition avec foi, zèle, ardeur, sa toute puissance. Le Mantra est le corps spirituel de la divinité ».

(Les Sages de l'Inde)

+ « L'homme de Dieu s'asseoit au milieu de ses camarades les hommes, et pourtant n'oublie jamais Dieu un seul instant ».

(ABU Sa'id Ibn Khayr-Soufi)

BIBLIOGRAPHIE

- o Dr. Murphy
  - L'énergie cosmique
  - Comment attirer l'argent ?
  - Comment utiliser le pouvoir de votre subconscient ?

- o Emmet Fox
  - Le pouvoir par la pensée constructive
  - Vers la plénitude et la joie

- o Paul Jagot
  - Méthode pratique d'autosuggestion

- o Shakti Gawain
  - Techniques de visualisation créatrice

- o Goswani
  - Guide pratique de méditation

- o Swami Sivananda
  - Pratiques de méditation

- o Maharish Yogi
  - La M.T.(méditation transcendantale)

- o Le théosophe russe Radovan
  - Traité de Théosophie

- o Swami Saravasti
  - La voix de la Lumière

o Cheick Amadou Tall

   • Dimension de l'Islam

o Max Heindel

   • La cosmogonie des Rose-Croix

ANNEXE

LE SIDA ET LE TRAITEMENT PROPOSE PAR LA MEDECINE HOLISTIQUE

I/ - QU'EST-CE QUE LA MEDECINE HOLISTIQUE ?.......
II/ - QU'EST-CE QUE LE SIDA ?
III/ - QU'est-ce QU'UNE MALADIE ?
IV/ - COMMENT LUTTER CONTRE LE SIDA ?
V/ - L'APPROCHE HOLISTIQUE DE LA SANTE
VI/ - LE TRAITEMENT PROPOSE PAR LA MEDECINE
HOLISTIQUE
VII/ - MA METHODOLOGIE DE SOINS HOLISTIQUE
VIII/ - HUMOUR ANGLAIS
IX/ - ENCOURAGEMENT

I – QU'EST-CE QUE LA MEDECINE HOLISTIQUE ?

Holistique vient du Grec HOLOS = TOUT, ENTIER.
La médecine Holistique est basée sur les soins maintenant en corrélation le corps physique, l'âme et l'esprit. La philosophie Holistique est tirée de l'emminant guérisseur américain EDGAR CAYCE.

Cette philosophie dit ceci :

- L'esprit est la vie

- L'intelligence est le constructeur et le physique est la résultante.

La technique de guérison Holistique consiste à brancher chaque atome du corps, chaque réflexe du cerveau sur la conscience du divin qui habite à l'intérieur de chaque cellule. Là est le sens caché de la phrase du RABBI JESHUA quant il dit que notre corps est le temple de Dieu. Ceci étant, l'on ne doit pas guérir un corps sans lui donner aucun espoir spirituel, car ce serait l'abandonner ensuite à une destruction matérielle certaine.

II – <u>QU'EST-CE QUE LE SIDA</u> ?

SIDA = Syndrome d'Immuno Déficiente Acquise
Il ne s'agit pas d'une maladie précise due à un seul facteur, mais d'un syndrome ; c'est-à-dire, d'un ensemble de symptômes.

Il peut être comparé à la grippe. Il cause des épidémies et se caractérise par la présence d'un virus chez le malade. Les deux grandes différences entre la grippe et le Sida sont: d'une part, que le Sida est beaucoup moins contagieux que la grippe et d'autre part, que ces conséquences sont beaucoup plus graves. Selon les conceptions médicales classiques, la contagion, dans le cas de la grippe se fait par voie respiratoire. Le virus étant transporté d'une personne à l'autre par la salive.

Dans le cas du Sida, on pense que la contagion se fait par les échanges de sang ou de sperme. Lors d'une épidémie de grippe, toutes les personnes ne sont pas atteintes de la même manière. Ce sont souvent les personnes âgées ou affaiblies qui souffrent le plus. Chez elles, la grippe est parfois mortelle. Ces constats s'appliquent également au

Sida et c'est là qu'intervient la notion de terrain: sur cent personnes ayant été en contact avec le virus du Sida, donc déclaré (séro +) quelques-uns seulement développent la maladie et ce, dans des délais différents. Il existe donc une résistance individuelle à la maladie qui varie d'une personne à une autre: c'est cela le terrain. Donc cette notion de terrain est d'une importance capitale.

En général, pour les médias et la médecine officielle, les malades déclarés, doivent mourir obligatoirement et dans un laps de temps très court (les retro viraux ont permis de rallonger considérablement la vie des malades). Ce qui effraie le malade, et la peur s'installe. Or ce que le commun des mortels ignore, c'est que la peur affaiblie le corps éthérique, le corps de vitalité, le corps de santé et également l'aura qui constituent nos éléments spirituels de défense.

Plutôt que de semer le désespoir, il est préférable d'expliquer au malade du Sida que la maladie a due provoquer tant de problèmes à cause de son terrain affaibli, et qu'en améliorant simplement celui-ci, il peut sûrement modifier le cours de sa maladie. Il est très utile d'encourager le séro + à commencer le plus tôt possible une démarche de santé, dont peut dépendre la vie ou la mo;rts'il considère sa séropositivité comme une occasion de veuillez à maintenir son équilibre immunologique, le virus ne détruira pas son système de défense naturelle.

L'important, c'est d'intérioriser la certitude que l'on est soi-même l'artisant de sa propre santé et la maladie ne doit plus être considérée comme un accident venu de l'extérieur et touchant un seul organe mais comme le résultat d'un affaiblissement de l'être. C'est l'être tout entier qu'il faut équilibrer. Et la maladie quelle qu'elle soit, sera éliminée par l'organisme lui-même. La thérapeutique scientifique trop souvent dirigée contre la maladie ne soigne pas la déficienne du terrain qui a rendu possible la maladie, mais attaque les symptômes sous une approche globale, le mode de vie est à considére:r Habitat, Travail, Loisir – Alimentation – Exercice physique – vie émotionnelle, Mentale et Spirituelle.

Une nouvelle relation se créé entre le patient et le thérapeute : plutôt que de remettre son corps au médecin, en pensant que lui seul est habilité à savoir ce qu'il faut faire, le malade est amené à prendre conscience de sa part de responsabilité dans la situation où il se trouve et l'inviter à collaborer avec ceux qui le soutiennent, pour découvrir les chemins de la santé. Un travail d'équipe doit s'instaurer entre médecins et autres thérapeutes (naturo-thérapeutes, praticiens de thérapies douces, guérisseurs, médecins holistiques). <u>Pour un seul but</u> : aider le malade à devenir l'artisan de sa santé. Mais en attendant que les décisions gouvernementales permettent cette collaboration, toute personne peut se prendre en charge, afin d'éviter certaines maladies.

La médecine Holistique quant à elle, dispose d'éléments nécessaires pour guérir un malade du sida.

Si mes recherches rencontrent l'adhésion de personnes de bonnes volontés disposant de moyens et voulant aider les malades, pas seulement ceux du Sida, mon équipe se mettra a leurs dispositions pour apporter son aide.

III – <u>QU'EST-CE QU'UNE MALADIE</u> ?

Une maladie est une disharmonie des trois corps : le corps physique (éthérique) Le corps astral (Ame) – corps mental (esprit).

Certaines maladies ont souvent leurs origines dans les vies antérieures, il s'agit des maladies à évolution lente: maladie de parkinson – les rhumatismes – les arthrites – les scléroses – les paralysies musculaires – aujourd'hui le Sida…

Dans la prévention contre les maladies, le point le plus important est la défaillance possible des mécanismes de défense. Mais on peut renforcer le terrain. Le moment critique vient seulement sous l'influence destructrice de certains états d'esprits négatifs : manque de foi – manque de confiance en soi et en celui qui vous traite – pensées négatives.

La mauvaise utilisation du corps va jouer un rôle prépondérant dans la prolifération des agents pathogènes : surmenage physique comme intellectuel – abus divers (trop d'alcool, trop de rapports sexuels – de viande – de tabac – de drogue) manque de sommeil, manque d'exercices physiques etc.

Il faut remarquer également que les maladies ne sont pas l'effet du hasard, mais la conséquence d'un certain mode de vie. Autrement, le microbe, le virus n'est rien,

<u>C'est le terrain qui est tout</u>

Si nous sommes privés du contact avec notre être profond.

Si nous sommes éloignés des forces régénératrices de la nature. (Forêt – Montagne – bord de mer).

Si nous nous nourrissons d'aliments dénaturés et pollués.

Si nous sommes prisonniers d'un mode de vie, le stress prend la place de la spontanéité et les habitudes de la créativité, nous donnons feu vert à la maladie pour se développer et nous phagocyter.

Suite à cela, le système de défense s'affaiblit. La porte est alors ouverte et grande ouverture à la maladie. La brèche étant faite, la maladie se met à progresser, devient grave et mortelle plus tard. Cependant, à n'importe quel stade évolutif de la maladie, il est possible d'arrêter le processus, de le renverser pour amener le rétablissement complet du corps meurtri.

En tant que médecin Holistique, il est fort passionnant, voire même extraordinaire de guérir le corps en s'engagent dans cette aventure : celle d'éveiller un individu à la conscience spirituelle totale. On a alors le privilège d'assister au travail actif et inimaginable de la grâce divine, de l'amour, de l'amour divin.

IV – <u>COMMENT LUTTER CONTRE LE SIDA</u> ?

Officiellement, il existe deux moyens de lutte ! la recherche et la prévention.

I/ - <u>LA RECHERCHE</u>

A partir de la recherche, un test de dépistage à été mis au point afin d'éviter la contamination des receveurs de transfusion.

A partir des caractéristiques du virus, les chercheurs peuvent maintenant travailler à la mise au point d'un vaccin. Mais certaines difficultés existent :

- La première difficulté réside dans le fait que ce virus est rétroactif : ce virus est très intelligent, il change et mute très rapidement.

- La deuxième difficulté: l'impossibilité de neutrali - ser artificiellement les protéines du virus comme les anticorps que l'on trouve chez les malades.

- La troisième difficulté est la grande variabilité du virus : notamment au niveau de son enveloppe. Lorsque l'on trouve un neutralisant pour son enveloppe par exemple, il varie en enveloppe B, C ou D. ce qui complique considérablement le travail des chercheurs.

- La quatrième difficulté est qu'il n'existe pas de model animal sur qui l'on puisse tester l'efficacité et l'innocuité du vaccin avant de l'utiliser sur l'homme. Seul le chimpanzé peut être infecté par le virus du Sida humain, mais il ne fait pas vraiment un Sida avec cette infection qui reste d'ailleurs chez lui quasiment silencieux.

II/ - <u>LA PREVENTION</u>

- Lutter contre la transmission sexuelle en utilisant des préservatifs.

- Lutter contre la transmission par le biais des seringues à usage unique.

*<u>CONCLUSION OFFICIELLE</u>

On ne disposera de moyens sûrs permettant de bloquer la diffusion de l'épidémie que dans quelques anné:es (entre temps des millions d'êtres humains meurent parce qu'on ne veut pas chercher la solution ailleurs) quand la recherche sur la mise au point d'un vaccin aura aboutie dans un futur très lointain; puisque ce virus va toujours et toujours changer son enveloppe. D'ici là, il importe de ralentir au maximum sa diffusion.

<u>LA PREVENTION RESTE ENCORE LE SEUL ET LE MEILLEUR MOYEN DE LUTTE CONTRE LE SIDA</u>

<u>N.B</u> : La notion de <u>terrain</u> ou de facteurs environnementaux favorisants la maladie n'est même pas évoquée par les chercheurs.

V – <u>L'APPROCHE HOLISTIQUE DE LA SANTE</u>

Cette approche s'appuie sur 7 principes :

1)   – <u>La Responsabilité Personnelle</u>

L'individu est responsable et a en lui-même le pouvoir de rester heureux et en bonne santé

2)   – <u>L'éveil à la nutrition</u>

Il est nécessaire de manger des aliments purs, vivants, de façon harmonieuse et avec joie.

3)   – <u>L'éducation physique</u>

Il faut entretenir son équilibre physique grâce à des exercices sportifs (la marche est conseillée surtout pour les personnes âgées) et à des techniques de relaxation.

4)   – <u>La gestion du stress</u>

En créant un style de vie saint, l'individu entre pleinement en possession de lui-même et apprend comment faire face aux inévitables stress journaliers. La technique de la méditation est un moyen extraordinaire pour se déstresser. La lecture humoristique (sourire du jour ou autres) favorise la bonne santé. Car la joie élimine les toxines du corps.

5)   – <u>La sensibilité à l'environnement</u>

L'individu s'éveille au fait qu'un environnement saint facilite ses efforts pour arriver à l'état de bien être et qu'il revient à chacun de maintenir cet environnement favorable.

6)   – L'utilisation de médicaments naturels

Les médicaments naturels souvent moins chers, pas toxiques et sont très efficaces. Leur plus grand avantage est qu'ils stimulent les défenses du corps et sont sans effets secondaires.

7)   – La restauration de l'équilibre entre le corps et l'esprit

Seule la pratique de la spiritualité peut restaurer cet équilibre : cette spiritualité qui est la nourriture de l'âme, se pratique par les pensées positives, les actions justes, la méditation, la prière, le jeûne, l'étude, les ascèses etc…

VI – TRAITEMENT DU SIDA PROPOSE PAR LA MEDECINE HOLISTIQUE

I/ - Techniques de réduction du stress (méditation – visualisation)

II / - Techniques de relaxation et de massage

III/ - Technique de détoxication

IV/ - Alimentation destinée à reconstruire l'équilibre immunitaire : beaucoup d'eau, de jus de fruits naturels, de jus de légumes, des infusions de plantes antivirales. (ces plantes existent)

V/ - Apports de suppléments en sels minér.auzxinc
– calcium – fer – iode – silicium etc. (Les complements alimentaires existent).

- Apport de supplement en vitamine B et C.

- Apport de chlorophylle.

- Apport d'essence de plantes.

VI/ - Elimination de tous stimulants thé, café, nicotine, alcool, drogues : ces excitants diminuent considérablement le système de défense immunitaire.

VII/ - Exercices physiques

VIII/ - Pensée Positives en toutes circonstances

VII – <u>MA METHODOLOGIE DE SOINS HOLISTIQUES</u> <u>(1H / patient)</u>

1)	– Ecoute (mise en contact avec la divinité qui habite le corps physique). De la communication, nous entrons dans une autre forme de contact : la communion. Là, peut intervenir la voyance, l'intuition, car nous travaillons en ce moment dans la quatrième dimension.

2)	– recherche numérologiques et intérieures : utilisation de 6ème sens = Intuition.

3)	Nettoyage du corps physique par le feu purificateur et des bains de santé. Afin d'absorber et d'extirper la racine ou les racines des maladies déclarées ou pas. Il faut remarquer que cet exercice permet de ramener la chance. On l'utilise pour les désenvoûtements car, les maladies et mauvais sorts s'installent dans le corps éthérique. Le corps de vitalité et nous ressentons les manifestations dans le corps physique.

4)	– absorption d'eau magnétisée pour permettre au fluide magnétique que je vais faire circuler et établir dans le corps du malade, de circuler facilement car l'eau est un très bon conducteur magnétique.

5)	– Prière de demande de guérison par le patient

6)	– Equilibrage des corps (techniques spiritoscientiques)

7)	– Recharge énergétique : - Travail sur le cerveau.
	– Travail sur les centres de force (les Chakras).

8)	– Signe de fraternité (Accolade – Attôu). Cela redonne confiance au malade.

9)	– Prescription de plantes, de massage, de régime alimentaire si nécessaire sans oublier des exercices physiques.

*** Je maintiens le contact avec mes malades.

*** Un suivi est établi. Jusqu'à 3 mois après le traitement

Pour les traitements du Sida, je combine ma technique et la technique Holistique officielle.

VIII – <u>HUMOUR ANGLAIS</u>

Avec leur humour légendaire, regarder comment les malades du Sida Anglais ont transformé de façon spirituelle le mot SIDA qui s'écrit AIDS pour se donner le courage de vaincre la maladie.

AIDS : Acquired Immuno Deficiency Syndrome (Syndrome de Déficience Immunitaire Acquise).

AIDS : Accelerated Inner Developpement Source (Source de Développement Intérieur Accélérée).

IX – ENCOURAGEMENTS

Alors à vous malades du Sida, cette infection est un moyen de développement spirituel pour vous, car le but de la vie est l'élévation spirituelle.

Donc NIL DESPERANDUM (ne désespérer jamais). Lutter ; car votre force de guérison se trouve à l'intérieur de vous.

Et même si vous deviez mourir aujourd'hui, ne soyez pas triste, mourez en joie. La mort n'existe pas. Dieu vous donnera un autre corps pour que vous puissiez vous corrigez et continuer votre évolution, sinon où serait la miséricorde du Tout Puissant s'il devait nous faire souffrir. Tout ce qui nous arrive est le résultat de nos propres actes.

Prenons conscience. Reconnaissons-le et corrigeons-nous. La main de Dieu est toujours sur ses enfants. Dieu est dans la nature, car la vraie guérison vient de la sagesse de la nature.

N.B : Si vous devez me faire venir des malades n'attendez pas le stade terminal. Un miracle est toujours possible quand l'on travaille avec les énergies divines, mais soyons raisonnables.